REALITY TRANSURFING

CÓMO DESLIZARSE A TRAVÉS DE LA REALIDAD

Las manzanas caen al cielo

TOMO V

Vadim Zeland

REALITY TRANSURFING
CÓMO DESLIZARSE A TRAVÉS DE LA REALIDAD

Las manzanas caen al cielo
TOMO V

EDICIONES OBELISCO

Si este libro le ha interesado y desea que le mantengamos informado
de nuestras publicaciones, escríbanos indicándonos qué temas son de su interés
(Astrología, Autoayuda, Ciencias Ocultas, Artes Marciales, Naturismo,
Espiritualidad, Tradición…) y gustosamente le complaceremos.

Puede consultar nuestro catálogo en www.edicionesobelisco.com

Colección Psicología
REALITY TRANSURFING V.
LAS MANZANAS CAEN AL CIELO
Vadim Zeland (Вадим Зеланд)

1.ª edición: noviembre de 2013
3.ª edición: junio de 2023

Título original: ТРАНСЕРФИНГ РЕАЛЬНОСТИ
Ступень V: Яблоки падают в небо

Traducción: *Ana María Gonzalez*
Corrección: *Sara Moreno*
Corrección: *Marga Benavides*
Diseño de cubierta: *Enrique Iborra*

© 2005,2008 Ves Publishing Group (ИЗДАТЕЛЬСКАЯ ГРУППА «ВЕСЬ»)
www.vesbook.ru
(Reservados todos los derechos)
© 2013, Ediciones Obelisco, S. L.
(Reservados los derechos para la presente edición)

Edita: Ediciones Obelisco, S. L.
Collita, 23-25. Pol. Ind. Molí de la Bastida
08191 Rubí - Barcelona - España
Tel. 93 309 85 25
E-mail: info@edicionesobelisco.com

ISBN: 978-84-15968-11-5
Depósito Legal: B-23.070-2013

Impreso en los talleres gráficos de Romanyà/Valls S. A.
Verdaguer, 1 - 08786 Capellades - Barcelona

Printed in Spain

Reservados todos los derechos. Ninguna parte de esta publicación, incluido el diseño de la cubierta,
puede ser reproducida, almacenada, transmitida o utilizada en manera alguna por ningún medio,
ya sea electrónico, químico, mecánico, óptico, de grabación o electrográfico,
sin el previo consentimiento por escrito del editor.
Diríjase a CEDRO (Centro Español de Derechos Reprográficos, www.cedro.org)
si necesita fotocopiar o escanear algún fragmento de esta obra.

LO MÁS DESTACADO DE LA SERIE REALITY TRANSURFING

TOMO I: El espacio de las variantes

A menudo yo, como la mayoría de los demás, intentaba reclamar a este mundo lo que supuestamente me correspondía. En respuesta, el mundo me daba la espalda con indiferencia. Los consejeros experimentados me decían que el mundo no cede porque sí: hay que conquistarlo. Entonces intentaba luchar contra él, pero no llegaba a conseguir nada, sólo agotarme. Y también para estos casos, los consejeros tenían preparada la respuesta: «Primero cámbiate a ti mismo y luego exige del mundo lo que quieras». Entonces intentaba luchar contra mí mismo. Resultó más difícil aún. […]

El Transurfing es un modo de elegir el propio destino, literalmente, como si fuera un producto en el supermercado. Y esto es lo que pretendo: contarte lo que todo esto significa. Sabrás por qué las manzanas pueden «caer al cielo», qué significa «el susurro de las estrellas de madrugada», y muchas otras cosas extraordinarias. […]

El ser humano, privado de la buena suerte, se lamenta de su destino: ¿por qué la vida es tan injusta? Uno lo tiene todo de sobra; el otro siempre tiene necesidad de todo. […]

¿Por qué esta desigualdad? ¿Por qué la vida, que no tiene límites en su variedad, impone restricciones a cierto grupo de la gente? ¿De qué son culpables aquellos que son menos afortunados? […]

Es entonces cuando aparecen teorías de toda clase […] Y otra vez hallamos nuevas explicaciones del tipo: «Quieres ser feliz. Sé feliz» […]

El hombre parece estar de acuerdo, pero al mismo tiempo le resulta embarazoso celebrar la gris realidad. ¿Será cierto que él no tiene derecho de querer algo más? ¿Para qué obligarse a estar alegre? Es lo mismo que obligarse a quererse a sí mismo. [...]

Pero en las profundidades de su alma, el hombre no llega a comprender por qué tiene que obligarse a perdonar a aquellos a los que odia y a amar a los que le dejan indiferente. ¿Para qué le sirve? [...]

Si eres así de pobre, enfermo, feo, infeliz, significa que la culpa es tuya. Tú mismo eres imperfecto y, por lo tanto, estás obligado a cambiar. El hombre se encuentra ante el hecho de que él, desde el principio, representa una aglomeración de defectos y vicios, sobre los cuales tiene que trabajar duro. Qué imagen tan triste, ¿verdad? Resulta que si un hombre no tuvo la suerte de nacer rico y feliz desde el principio, entonces su destino es bien llevar humildemente su cruz, o bien consagrar toda su vida a la lucha. No es muy grato para el alma celebrar este tipo de vida. ¿Será cierto que en toda esta desolación no hay ningún rayo de esperanza? [...]

Aun así hay salida. [...] ... el Transurfing [...]

No te apresures a agitar las manos con desencanto y a exclamar que están intentando encajarte otra quimera habitual. [...]

Si tú, en tu interior, has decidido que el destino es algo predeterminado que eres incapaz de cambiar, así será. En este caso tú, por voluntad propia, te entregas a las manos ajenas, de quienesquiera que sean, y te conviertes en un barquito que está a merced de las olas. En cambio, si consideras que tú mismo creas tu destino, en este caso asumes conscientemente la responsabilidad de todo lo que te ocurre en la vida. Luchas contra las olas intentando manejar tu barquito.

Presta atención a lo que está ocurriendo: *tu elección siempre se realiza. Lo que eliges es lo que obtienes.* [...]

La naturaleza del mundo es única, pero presenta siempre apariencias diferentes. [...]

El carácter multivariante es la principal y fundamental propiedad de nuestro universo. [...]

El destino del hombre también está representado por multitud de variantes.

Extracto del capítulo II – Péndulos

La energía mental de cada persona en particular se une en un único flujo común. [...] *el péndulo energético*. [...] ¿Por qué el péndulo? Porque oscila más fuerte cuanta más gente –*partidarios*– lo alimenten con su energía. [...]

... cualquier ser vivo, capaz de emitir energía en una dirección, antes o después, crea péndulos energéticos. [...]

Cualquier péndulo es *destructivo* por su naturaleza, puesto que les quita la energía a sus partidarios y establece sobre ellos su poder. La destructividad del péndulo se manifiesta en su indiferencia hacia el destino de cada uno de sus partidarios. Su único objetivo es ir obteniendo energía de ellos; para el péndulo no tiene importancia que al partidario mismo eso le resulte útil o no. El hombre que se encuentra bajo el dominio del sistema está obligado a edificar su vida según las leyes del sistema; de lo contrario, el sistema le masticará y le escupirá fuera. Una vez que se ha caído bajo la influencia del péndulo destructivo, es muy fácil arruinarse la vida. Y, como regla general, escaparse sin pérdidas es difícil.

Si uno ha tenido suerte, encuentra su sitio dentro del sistema y se siente ahí como pez en el agua. En su papel de partidario, el hombre le da al péndulo su energía, y el péndulo, a su vez, le asegura la subsistencia. En cuanto el partidario empieza a infringir las leyes de la estructura, la frecuencia de su emisión deja de coincidir con la frecuencia de resonancia de oscilaciones del péndulo. Al no poder recibir la energía de este partidario, el péndulo expulsa o aniquila al partidario rebelde.

Si al hombre se le llevó lejos de líneas que le favorecen, su vida dentro de la estructura del péndulo ajeno se convierte en un presidio o una existencia lamentable. Para este partidario, éste se convierte en un péndulo completamente destructivo. El hombre que ha caído bajo su influencia pierde la libertad; está obligado a vivir según las leyes impuestas y se convierte en una pequeña pieza dentro del engranaje, le guste o no. […]

Sin embargo, el hombre puede estar bajo el dominio de un péndulo y lograr grandes éxitos. Napoleón, Hitler, Stalin y otras figuras semejantes, todos son *favoritos* de los péndulos destructivos. Aun así, los péndulos de este tipo nunca se preocupan por el bienestar de sus partidarios, únicamente los están utilizando para sus fines.

Cuando le preguntaron a Napoleón si fue feliz en algún momento, sólo pudo recordar unos pocos días de toda su vida. […]

A menudo una persona, al dejarse llevar por los truquitos publicitarios del péndulo, se aleja mucho de su suerte ¡a la que tenía tan cerca! Entra en el ejército y muere. Se matricula en un centro de enseñanza y en vano adquiere una profesión que no le gusta.

Encuentra un empleo que parece prestigioso, pero le es ajeno, y se hunde en un cenagal de problemas. Une su vida con una persona desconocida y luego sufre. […]

Lo importante es que sepas reconocer el péndulo y no aceptes su juego sin aprovecharlo. […]

… existen organizaciones benéficas, asociaciones protectoras de la naturaleza, de los animales y muchas otras. ¿Qué tienen éstas de destructivo? Para ti en particular, lo quieras o no, que los péndulos destructivos se alimentan de tu energía.

Y no les importa tu felicidad ni tu bienestar. Te invitan a ser misericordioso con los demás, pero se mantienen indiferentes respecto a ti. Si esto te conviene y te sientes verdaderamente feliz realizando ese tipo de trabajo, se puede decir que has descubierto tu vocación y encontrado tu péndulo. Pero en eso tendrás que ser muy sincero contigo mismo: ¿no llevas la máscara de bienhechor? ¿De verdad estás dando tu energía y tu dinero para el bien de los demás o sólo juegas a la beneficencia para así parecer mejor?

Pero, ¿para qué te estoy contando todo eso? Para explicarte lo que significa *elegir* el destino y cómo hay que hacerlo. Ten paciencia, querido lector; no todo es tan fácil, pero poco a poco la situación empezará a aclararse. […]

Por muy justificativas que sean las consignas con que se encubren las guerras y las revoluciones, su esencia siempre es la misma: una *lucha de los péndulos* por los partidarios. Las formas de batallas puedan ser diferentes, pero el único objetivo siempre es conquistar el mayor número posible de partidarios. Los nuevos miembros son una necesidad vital para el péndulo; sin éstos se detendrá, por lo que la batalla de los péndulos es una lucha por la existencia natural e inevitable. […]

En cuanto una persona se sintoniza con la frecuencia del péndulo, a nivel de energía surge interacción entre esta persona y el péndulo. […] Surge una especie de apoderamiento, un lazo con conexión inversa. […]

Uno de los métodos preferidos de un péndulo para obtener el acceso a tu energía es sacarte del equilibrio. Al desviarte del equilibrio empiezas a «balancearte» en la frecuencia del péndulo y de este modo le oscilas a él. […]

El sentimiento de culpabilidad también es uno de los canales más amplios por los que el péndulo extrae la energía de ti. […]

«Si la culpa es tuya, harás lo que yo te diga».

Vivir con una sensación de culpa es muy incómodo, por lo que las personas intentan librarse de ella. ¿Pero de qué manera? Sufrir un castigo o pagar la culpa con el propio trabajo. Tanto una cosa como la otra suponen sumisión, obediencia y trabajo de los pensamientos en una dirección determinada. […]

El hombre puede ser consciente de que los pensamientos negativos no conducen a nada bueno, no obstante, por costumbre comete los mismos viejos errores.

De esta manera, las costumbres frecuentemente crean problemas y obligan a actuar de modo ineficaz; librarse de estos hábitos resulta muy difícil. Todas esas costumbres son una ilusión del confort. El hombre confía más en lo que conoce desde siempre. [...]

¿Será posible para el hombre deshacerse de la influencia del péndulo? [...]

... sucede con frecuencia que se alguien subleva y se alza abiertamente contra el péndulo avasallador. En tal duelo, el hombre *siempre* sufre la derrota. El péndulo puede ser vencido sólo por otro péndulo. [...]Si desobedece y empieza la lucha, sólo perderá la energía y, en el mejor de los casos, será arrojado fuera de las bandas del sistema; en el peor, será aplastado. El partidario que se atreve a infringir las reglas establecidas por el péndulo se proclama fuera de la ley.

... la culpa no consiste en el acto en sí, sino en que el partidario se insubordinó, lo cual significa que dejó de suministrar energía al péndulo.

¿Por qué a la «cabeza agachada no la corta la espada»? Porque el hombre que aceptó la culpa está totalmente dispuesto a someterse al poder del péndulo. [...]

Le importa sólo el restablecimiento del control perdido. [...]

Los auténticos motivos de un péndulo, normalmente, se enmascaran con los principios morales. Al parecer, el arrepentido del hecho no es tan malvado. Puedes distinguir fácilmente por ti mismo dónde está actuando el principio moral y dónde se afectan los intereses del sistema, si recuerdas siempre qué es lo que representan los péndulos en sí y cuáles son sus verdaderos objetivos. [...]

... cuanto más fuerte sea tu deseo de evitar algo, más posibilidades tienes de obtenerlo. Luchar activamente contra lo que no quieres significa poner todos tus esfuerzos para que ocurra eso en tu vida. Para trasladarse a las líneas indeseables de la vida ni siquiera es necesario emprender ninguna acción. [...] apenas dejes que lo indeseado entre en ti, te compenetres con la aversión y empieces a mimar este sentimiento, lo indeseado se materializará en tu vida sin falta. El único método de evitar lo indeseado en tu vida es librarse de la influencia del péndulo que se apodero de tu energía mental. [...]

… no tienes derecho ni a juzgar ni a cambiar nada en este mundo. Tienes que aceptar todo como si fueran los cuadros de la exposición, te gusten o no. En una exposición pueden exponerse muchos cuadros que te parezcan poco atrayentes. Sin embargo, no se te pasa por la cabeza exigir que se los quite de ahí. Después de haber aceptado el derecho del péndulo a existir, tienes derecho de abandonarlo y no dejarte influenciar. Lo importante es no luchar con el péndulo, no censurarlo, no perder los nervios, pues todo eso significará tu participación en el juego. Al contrario: debes aceptarlo tranquilamente como algo debido, como un mal inevitable y después retirarte. Al expresar el rechazo de cualquier manera, das la energía al péndulo.

Antes de llegar a comprender lo que significa *elegir*, tienes que aprender a *negar*. Normalmente, las personas no imaginan con claridad qué es lo que quieren. Pero todos saben con exactitud qué es lo que no quieren. En el intento de librarse de las cosas o sucesos indeseables, la mayoría actúa de manera que todo le resulte justo al revés.

Para negar es necesario aceptar. La palabra «aceptar» aquí no significa estar dispuesto a recibir o conformarse, sino es reconocer el derecho de existir y, por tanto, indiferentemente pasar por alto. Aceptar y soltar, significa: dejar que lo indeseable pase a través de ti y despedirlo diciéndole adiós y hasta nunca. […]

… ¿Cuál es, entonces, la defensa contra el péndulo? *El vacío.* Si soy vacío, no tengo con qué se me pueda enganchar. No entro en el juego del péndulo, pero tampoco intento defenderme de él. Simplemente lo ignoro. La energía del péndulo pasa volando sin tan siquiera rozarme y se dispersa en el espacio. El juego del péndulo ni me preocupa ni me molesta. Respecto a él, soy vacío. […]

Si te molesta alguien, intenta probar en él el modelo de péndulo destructivo; seguramente le sentará bien. Si no puedes detener al «cataplasma», en tal caso, simplemente no contestes a sus provocaciones, ignóralas. Él no te dejará en paz mientras no dejes de darle tu energía. Y la energía se la estás dando tanto de modo directo, entrando en disputa con él, como de modo indirecto, odiándole en silencio. Dejar de dar energía significa no pensar en esa persona en absoluto, quitarle de tu cabeza. Decide simplemente para tus adentros: «¡Qué te den morcilla!», y éste abandonará tu vida. [...]

... la costumbre de reaccionar de modo negativo a las circunstancias enojosas es la palanca de arranque del mecanismo por el cual un péndulo se apodera de tu energía mental. Esta costumbre irá desapareciendo si juegas a un juego peculiar, donde con intención harás los siguientes cambios: miedo-seguridad, melancolía-entusiasmo, indignación-indiferencia, irritación, alegría. Intenta reaccionar, aunque sea ante los pequeños disgustos, de forma «inadecuada». ¿Qué puedes perder? [...]

Para cualquier problema difícil existen soluciones fáciles. La clave de solución de cualquier problema siempre se halla en la superficie; la cuestión es sólo cómo darse cuenta de ello. El péndulo que ha creado este problema te impedirá que la veas. [...]

Cualquier persona, a lo largo de su vida, tropieza continuamente con dificultades de todo tipo, sobre todo si es algo nuevo y desconocido. Y como consecuencia, cada uno tiene la costumbre bien arraigada de recibir los problemas con recelo, a veces incluso con un miedo respetuoso. Al mismo tiempo, el hombre siempre duda de su capacidad de superar dificultades. Y como resultado, la propensión a enfrentar los problemas con recelo se convierte en un hilo de marioneta. [...]

Los péndulos no son el mal absoluto para el hombre, si éste actúa conscientemente. Nadie puede estar totalmente libre de ellos. La cuestión es sólo saber cómo no dejar influenciarse por los péndulos y utilizarlos conscientemente en interés propio. El Transurfing te ofrece los métodos concretos para hacerlo. [...]

... son los péndulos los que, al fin y al cabo, convierten los sueños del hombre en realidad. [...]

Extracto del capítulo III – Ola de la suerte

Cada uno tiene sus olas de éxito. [...]

La ola de la suerte es una formación temporal, pero no se apodera de la energía ajena, por lo que al fin se extingue como las olas marinas que se rompen contra la orilla. [...]

Puede parecer que la ola va y viene. [...] la ola de la suerte existe en el espacio de las variantes de modo fijo, en calidad de acumulación de líneas favorables. Eres tú quien desplazándose por las líneas de la vida, encuentras esta heterogeneidad como una ola y la atrapas dejándola entrar en tu vida, o te alejas de ella, arrastrado por los péndulos. [...]

Si agradeces todo lo que tienes, si sientes amor por todo lo que te rodea y te ayuda a vivir, emites energía positiva. Entonces, si quieres, podrás contar por completo con que tus circunstancias mejoren. [...]

Siempre hay cosas y situaciones que dominan nuestros pensamientos. *Nuestros pensamientos siempre vuelven a nosotros como un bumerán.* [...]

... no es suficiente que no dejes entrar en ti la energía negativa. Es necesario que tampoco la emitas. [...]

Si dejas que entre en ti la energía negativa, tendrás disgustos en tu vida. Emites energía negativa y ésta volverá a ti como un bumerán, bajo la forma de nuevos problemas. [...]

En vez de aceptar los juegos de péndulos destructivos, busca los péndulos cuyos juegos puedas aprovechar. Lo cual significa adquirir la costumbre de prestar atención a todo lo bueno y positivo. En cuanto veas, leas u oigas algo bueno, agradable, esperanzador, fíjalo en tus pensamientos y alégrate. [...]

¿Cómo puedes mantener en ti ese estado festivo? Primero, *recordándolo*. Por costumbre nos zambullimos completamente en los días monótonos y olvidamos lo bueno, y esto deja de alegrarnos. Es una mala costumbre. Son los péndulos los que nos obligan a olvidarnos de esto. [...]

Alégrate por todo lo que tienes en este momento dado. No es un llamamiento huero a ser feliz por determinación. A veces las circunstancias se presentan de tal manera que es muy difícil sentirse feliz. Desde el punto de vista práctico, sin embargo, expresar el disgusto es muy desventajoso. Quieres llegar a aquellas líneas de la vida donde todo te satisface, ¿verdad? Pero ¿cómo llegarás hasta ahí, si tu emisión está llena de disgusto? [...]

Es imprescindible que percibas cualquier cambio positivo y lo cuides con mucho cariño, ya que estos cambios son precursores de la ola de la suerte. En cuanto oigas algunas noticias esperanzadoras, por insignificantes que sean, no te olvides de ellas enseguida, como lo hacías antes; al contrario: saboréalas, habla de ellas, sal en su búsqueda. Reflexiona sobre estas noticias, analízalas desde todos puntos de vista, haz pronósticos, espera mejoras subsiguientes. Al actuar de esta manera, estás pensando en la frecuencia de ola de la suerte y te sintonizas con sus parámetros. [...]

Cuanto peor piensa uno sobre el mundo que le rodea, peor se torna el mundo para él. Cuanto más se amarga por los fracasos, con más gusto le vienen otros. «Según es la voz es el eco.» Cuanto peor piensa uno sobre el mundo que le rodea, peor se torna el mundo para él. Cuanto más se amarga por los fracasos, con más gusto le vienen otros. [...]

Extracto del capítulo IV – Equilibrio

En la naturaleza todo tiende al equilibrio. [...]

Estamos acostumbrados a que la vida tenga épocas blancas y negras; el éxito sustituye al fracaso. Todo eso revela la existencia de esa ley [...]

El equilibrio se desestabiliza no sólo con acciones, también con pensamientos. Y no sólo porque los pensamientos procedan a las acciones. Como sabes, los pensamientos emiten energía. En el mundo de la realización material todo tiene una base energética. Y todo lo que sucede a nivel invisible se refleja en el mundo de los objetos materiales visibles. [...]

... a menudo el hombre obtiene como resultado algo totalmente opuesto a lo que era su intención, por lo cual no queda nada claro qué es lo que ocurre. Y como consecuencia surge una sensación de que aquí está actuando una fuerza inexplicable, una especie de «ley de Murphy». [...]

... puedes notar que otra gente logra mucho más con mucho menos esfuerzo. [...]

El que no sepa descansar, relajarse, no sabe trabajar. Al llegar al trabajo, alquílate. Entrega tus manos y tu cabeza, pero no el corazón. El péndulo necesita toda tu energía, pero no has llegado a este mundo sólo para trabajar para él [...]

Alquilarse no significa, en absoluto, actuar de manera indisciplinada e irresponsable. Significa actuar con indiferencia, sin crear potenciales excesivos, y no obstante, hacer lo necesario con precisión. [...]

«Enfrascarse en el trabajo» está justificado en un solo caso: si el trabajo es tu objetivo. Sobre lo que es *tu* objetivo hablaremos más adelante. En caso de ser tu objetivo, el trabajo te sirve de túnel que te llevará al éxito. Un trabajo así, al contrario, te llena de energía, te da alegría, inspiración y satisfacción. [...]

... antes de nada relájate y perdónate todas tus imperfecciones. Si de momento no eres capaz de amarte, al menos, desiste de luchar contra ti mismo y acéptate tal cual eres. Sólo en este caso el alma se convertirá en un aliado de la mente. Y es un aliado muy poderoso. [...]

A pesar de que todo eso suena tan simple, hasta trivial, muchas personas desperdician una energía colosal para luchar contra sí mismas y ocultar sus imperfecciones. Se condenan a sí mismas, como si fueran titanes, a soportar ese peso toda la vida. Pero en cuanto se permitan ser ellas mismas y se desprendan de esa dura carga, la vida se tornará para ellas notablemente fácil y sencilla. La energía será redirigida, no ya a la lucha contra los defectos, sino al desarrollo de las cualidades positivas. […]

Desde el punto de vista del Transurfing, a la hora de conseguir lo deseado nos resulta desventajosa la costumbre nociva de mostrar nuestro disgusto por cualquier futilidad, sólo nos impide conseguir lo deseado. Y al contrario, la costumbre de experimentar pequeñas alegrías por cualquier motivo, por insignificante que sea, es muy beneficiosa. La conclusión es única: necesitamos *sustituir* la vieja costumbre por una nueva. […]

Volvamos otra vez al ejemplo de la exposición que no te gustaba tanto. Siente como si estuvieras en tu casa, pero no olvides que eres sólo un huésped. Nadie tiene derecho de juzgar, pero cada uno tiene derecho a elegir. Al péndulo le conviene que expreses activamente tu descontento. Por tanto, te será más provechoso retirarte, simplemente, y elegir otra exposición. Preveo la pregunta: «¿Y si no tengo adónde ir?». Fueron los péndulos los que te inculcaron esa confusión. Este libro se dedica precisamente a ese tema: cómo librarse de la falsa limitación. […]

Una idealización del mundo es el lado inverso del descontento. Lo vemos todo color de rosa y muchas cosas parecen mejores de lo que son en realidad. Como ya sabes, si parece que en algún lugar haya algo cuando en realidad no lo hay, en tal caso surge el potencial excesivo. Idealizar significa sobreestimar, subir al pedestal, adorar, crear un ídolo.

El amor que crea y dirige el mundo se distingue de la idealización en que en el fondo es, por muy paradójicamente que suene, impasible. *El amor absoluto* es un sentimiento sin derecho de posesión, admiración sin adoración. En otras palabras, no causa *relaciones de dependencia* entre el que ama y el objeto de su amor. Esta fórmula tan simple te ayudará a determinar dónde acaba el sentimiento y comienza la idealización. […]

… el amor genera energía positiva que te llevará a la línea de la vida correspondiente; y la idealización crea el potencial excesivo que dará lugar a las fuerzas equiponderantes que intentarán eliminar ese potencial. […]

Si el amor se convierte en una relación de dependencia, inevitablemente se creará el potencial excesivo. El deseo de tener lo que no tienes causa el «salto de presión» energético. Una relación de dependencia se determina por la manera de plantear la cuestión: «si haces tal, yo haré cual». Podemos poner ejemplos cualesquiera. «Si me quieres, entonces te dejas todo y vienes conmigo al fin del mundo. Si no te casas conmigo, entonces no me quieres. Si me alabas, eres mi amigo (amiga). Si no me das tu pala, no te dejo jugar con la arena.» […]

La mente no trata dirigir sus movimientos yendo con
la corriente, sino que intenta dirigir la corriente misma.
Pasar el centro de la gravedad desde el control
a la observación significa aceptar el universo vital
de las variantes con sus imprevistos y desviaciones.
Si te mueves a favor de la corriente, el mundo saldrá a tu encuentro.

TOMO II: El susurro de las estrellas de madrugada

Extracto del capítulo I – Intención

Tanto en un sueño consciente como en uno inconsciente, la imagen es muy precisa, hasta el mínimo detalle. También sucede que los sueños, por la nitidez de las formas y viveza de los colores, superan cualquier realidad. Existe una hipótesis de que la mente misma sintetiza las imágenes de los sueños y mientras soñamos percibe esas imágenes del mismo modo que en la realidad. Realmente eso no es más que una hipótesis. Hasta ahora nadie ha demostrado que todo suceda precisamente así. El modelo de Transurfing tiene una interpretación totalmente distinta del fenómeno del sueño: *el subconsciente no imagina nada por su propia iniciativa, sino que se conecta directamente con el espacio de las variantes, que contiene toda la información.* […]

La intención exterior representa una fuerza enorme e inconcebible. Sin embargo, te has podido percatar de cómo de imprecisa e inalcanzable es. Es el control y, al mismo tiempo, la renuncia de todo el control. Es la voluntad de actuar y renunciar a la presión forzosa. Es la decisión de tener y el rechazo de la pretensión de conseguir. Para la mente es algo nuevo e insólito. Uno está acostumbrado a conseguir todo con la intención interior. Influyes directamente sobre el mundo y éste reacciona enseguida. Todo es muy simple y fácil. Pero el mundo no cede así de fácilmente, necesitas emplear fuerza, insistir en lo tuyo, luchar, abrirte el camino. Y de repente aquí te ofrecen rechazar el ataque activo, diciendo que el mundo mismo te abrirá sus abrazos. Evidentemente, tal enfoque poco trivial desconcierta la mente.

¿Cómo entonces, lograr el equilibrio y combinar la firmeza de tener con la renuncia de la influencia directa? La respuesta surge por sí misma: hay que mantener el equilibrio de la intención. […]

Extracto del capítulo II – Diapositivas

En el Transurfing, las técnicas para conseguir los objetivos se hallan fuera de los límites del sentido común y las ideas corrientes. De todas las técnicas no tradicionales, la que más se aproxima al Transurfing es la visualización del objetivo deseado. Dicho método consiste en visualizar lo deseado con tantos detalles como sea posible y llevar siempre esa imagen en la mente. […]

En el Transurfing realizas *una visualización del proceso de movimiento hacia el objetivo*, pues en este caso precisamente actúa la intención, por tanto el objetivo será alcanzado, tarde o temprano. El avance hacia el objetivo no sucede tan rápido como en un sueño, pero hay movimiento y ¡bastante perceptible! Al estudiar el último capítulo aprenderás prácticamente *a ver tu avance por las líneas de la vida*. […]

Extracto del capítulo IV – Objetivos y puertas

Inspiración es el estado de la unión del alma y la mente con ausencia del potencial de la importancia. La primera parte de la definición es fácil de comprender. Inspiración es el estado de entusiasmo del alma en que proceso de creación fluye de manera ligera, simple y, lo más importante, con éxito. Es totalmente evidente que esto puede tener lugar sólo a la condición de que haya unión del alma y la mente. Nunca experimentarás inspiración haciendo un trabajo que no te gusta. […]

La inspiración no viene, sino que sólo se libera cuando se va el potencial de la importancia. Y al contrario, la inspiración se reprime cuando la mente, en su impaciencia, mete el alma en la funda de espera. La nociva costumbre de la mente de someter todo al control de su voluntad estropea toda la fiesta. […]

- ¿Qué es lo que a tu alma le gusta? ¿Qué hará tu vida feliz y alegre?
- No pienses en el modo de conseguir tu objetivo hasta que no lo definas.
- Al tomar la decisión, cobra conciencia del estado de confort de tu alma. […]

TOMO III: Adelante al pasado

Extracto del capítulo I – Energía

Para que la práctica del Transurfing sea eficaz necesitas gozar de buena salud y energía vital lo bastante potente. Supongamos que crees contar ya con bastante buena salud. Pero quizás no sepas, simplemente, cómo se siente una persona realmente sana. Si por la mañana te da pereza levantarte de la cama; no tienes ninguna gana de ir al trabajo o a estudiar; si después de comer te sientes débil y te entra sueño; si por las tardes no te apetece nada salvo acomodarte delante de la tele, significa que no estás sano en absoluto. En este caso la energía sólo te alcanza para mantener una moderada existencia. […]

Tu estado de ánimo y tu vitalidad están relacionados directamente con tu energía vital. […] La energía fisiológica, por sí sola, no es suficiente para mantener la vitalidad en un nivel alto. […]

El estado deprimido o tenso provoca el bloqueo de los flujos centrales. Los canales centrales se contraen y la circulación de la energía libre se ralentiza o se detiene por completo. En tal estado la intención pierde su fuente de alimentación. Al estar estresado, uno no es capaz de actuar con eficacia, puesto que la intención está bloqueada. […] En la mayoría de los casos, en estado de estrés las facultades y posibilidades de uno disminuyen considerablemente. […]

El estrés es consecuencia de la importancia. Puedes librarte de él en un instante: simplemente quitando la importancia. […] Recuérdalo: al quitar la importancia, te librarás del péndulo y podrás actuar con eficacia. Tienes que ser consciente de que la importancia excesiva *siempre* actúa en tu contra. […]

Para practicar Transurfing es imprescindible entrar en estado de relajación en cualquier circunstancia y lo más rápido posible. No se necesita ninguna sugestión verbal, puesto que los músculos no se controlan con palabras, sino con la intención. […] No obstante, existen algunos grupos de músculos que han perdido la costumbre de obedecer a la intención. Eso se debe al estilo inactivo de la vida moderna. […]

Al hombre le parece que si acumula mucha energía, se convertirá en una persona fuerte y podrá lograr el éxito. Tal acumulación sólo sirve como preparación para influir en el mundo con la fuerza de la intención interior. Como ya es sabido, intentar conquistar el mundo o cambiarlo a la fuerza es una tarea extremadamente difícil, ingrata, ineficiente y, por consiguiente, requiere mucho gasto de energía. Al interactuar con el mundo por la fuerza de la intención interior, el hombre se cree más de lo que es. En realidad él es sólo una gota en el océano. [...]

Con la fuerza de la intención interior puedes realizar acciones elementales en el mundo material. Sin embargo, la posibilidad potencial se materializa en el espacio de las variantes sólo con la fuerza de la intención exterior. Y la intención exterior surge cuando el alma y la mente están unidas en sus aspiraciones. *La fuerza de la intención exterior es proporcional al nivel de tu energía vital.* [...]

El péndulo te puede dar furtivamente su empujón a modo de malestar o de alguna enfermedad, que te preocupa mucho y te obliga a notar para tus adentros: «Me parece que estoy enfermo». [...]

El juego con un péndulo destructivo comienza por aceptar con mucho gusto los síntomas de la enfermedad o, en otras palabras, te agarras al extremo de la espiral de la transición inducida. [...]

El objetivo declarado de los péndulos de la medicina es la lucha contra las enfermedades. En realidad esta lucha crea una multitud de fenómenos negativos, propios de los péndulos destructivos, ya que su objetivo principal es mantener y atraer a partidarios. [...]

Al apartarte de los péndulos de las enfermedades obtendrás plena libertad, la cual no podrá durar mucho. Así está organizado el hombre, que necesita ser partidario de algún péndulo. [...]

Extracto del capítulo II – Freiling

Para atraer la atención hacia tu persona basta con expresar interés por los que te rodean. Habla con la gente no de lo que te interesa a ti, sino de lo que les interesa a ellos, inclusive sobre ellos mismos. En este caso tu intención interior se transformará en la exterior. La gente de tu entorno se interesará enseguida por un interlocutor así; simplemente no sabrán escapar de tu intención exterior, puesto que ésta trabaja de un modo completamente inconcebible. [...]

La posición de la intención exterior consiste en determinar qué es lo que quiere la gente, qué le falta, qué necesita, qué es lo que la mueve, qué le interesa. [...] La mente siempre tiende a idealizar sus capacidades. Se entusiasma por completo con el proceso de creación sin ver nada a su alrededor. La mente trata de someterlo todo a su control. [...]

Al comunicarse entre sí, las personas se amoldan, en cierto grado, la una con la otra. Se tiene en cuenta el carácter, el temperamento, el nivel del intelecto, los modales, etcétera. Si la sintonización no resulta, no se llega a la comprensión mutua y la comunicación se reduce, simplemente, a llenar el aire con palabras. Sin sintonizarte con la frecuencia de tu *partenaire* no lograrás una comprensión recíproca. [...]

Puedes ganar fácilmente la simpatía de alguien, si le pides que te ayude a salir de una dificultad o que te haga un pequeño favor. Al pedir un favor a tu *partenaire*, renuncias a tu significación y elevas la de él. Se siente más significante si le das a entender que necesitas su ayuda y le brindas la oportunidad de manifestarse, de destacar su importancia. [...]

Si conoces cuáles son los defectos que puedan impedirte lograr tu objetivo y consideras que no posees ciertos hábitos o conocimientos, acéptalo. Acéptate tal como eres. *Permítete el lujo de tener defectos y no poseer cualidades necesarias.* Eso te ayudará mucho, te aliviará y tranquilizará. Si luchas contra tus imperfecciones e intentas disimular la falta de cualidades necesarias, éstas seguramente aparecerán durante alguna prueba decisiva. [...]

Extracto del capítulo IV – Adelante al pasado

Para la rápida puesta en marcha de las fuentes energéticas, hay un método eficaz que puedes utilizar. Imagina que, desde el mismo centro de tu cuerpo, salen dos flechas horizontales en direcciones contrarias: una se dirige hacia adelante, la otra hacia atrás. [...] Ahora hazlas girar en tu mente al mismo tiempo: la de delante hacia arriba, la de atrás hacia abajo, de manera que se coloquen verticalmente a lo largo de la columna vertebral. Enseguida sentirás que los flujos energéticos se han avivado notablemente.

Puedes realizar este ejercicio tanto estando de pie como caminando. Es como si giraras la *llave* que pone en marcha los flujos centrales. [...] *El giro de la llave es el primer elemento de la transacción.* [...]

Sería útil adquirir la costumbre de girar la llave lo más a menudo posible durante el día. De esta manera podrás liberar y aclarar continuamente la energía de la intención de los potenciales excesivos que te oprimen. [...]

El segundo elemento de la transacción es la visualización de la diapositiva del objetivo. Una vez girada la llave, comienza a proyectar en la mente la diapositiva del objetivo. No olvides que debes imaginarte dentro de la diapositiva, en vez de mirarla como si fuera una película. Imagínate en la situación en la que el objetivo está conseguido. [...]

Una vez que logres imaginarte más o menos claramente dentro de la diapositiva, mira adelante con *una mirada consciente.* No pienses en nada y no analices, simplemente dirige la mirada clara adelante, a lo que se ve a lo lejos. *La mirada clara es el tercer y último elemento de la transacción.* [...]

Realiza la transacción impasiblemente, tal como te cepillas los dientes o te peinas. Puede que no te resulte nada enseguida, igual que cuando montas en bicicleta por primera vez. [...] Haz que tus intentos sean espontáneos; no te esmeres, no te esfuerces, no concedas gran significado a la técnica de transacción en sí. Es completamente posible que encuentres para ti una técnica muy distinta. [...]

TOMO IV: El control de la realidad

Extracto del capítulo I – La danza de las sombras

Para aprender a controlar la realidad, es necesario, al menos, conocer el mecanismo de su formación. Cada individuo de manera totalmente espontánea crea *el estrato de su mundo.* Pero la mayoría de las veces no entiende cómo se lleva a cabo esto. […]

En general, la vida sin complicaciones suele ser la norma. Todo se conforma bien y sin sobresaltos si nos movemos *por la corriente de las variantes,* sin alterar el equilibrio. […]

Las circunstancias y acontecimientos no deseados sobrevienen debido a que los potenciales excesivos introducen alteraciones en el mapa energético circundante, y *las relaciones de dependencia* todavía agravan más la situación. […]

La polaridad distorsiona el cuadro energético alterando las fuerzas equiponderantes, y como resultado, la realidad no se refleja adecuadamente, sino que se refleja como en un espejo distorsionado. La persona no entiende que la anomalía es consecuencia de la alteración del equilibrio e intenta oponerse al mundo circundante en vez de alejar la polaridad. […]

Los péndulos son las fuentes universales del mal. Sólo hay que observar un poco e inmediatamente se ve que en el caso en que dos fuerzas contrarias actúen, todo lleva al aumento de la energía del conflicto. La lucha, si cesa, es sólo momentáneamente, para después resurgir con nueva fuerza. […]

Los péndulos unifican intenciones y aspiraciones de las personas eliminando de esa forma la excepcionalidad e integridad de la personalidad. *La división y separación de la mente y el alma lleva a la pérdida de la belleza sagrada y de la energía.* […]

Al intentar ganar al péndulo, la persona persigue su propia sombra. Todas las aspiraciones de ganar que le acompañan están sometidas a la intención interior, que siempre lo conduce ciegamente a lo que está delante de sus narices, sin ver nada de lo que hay alrededor. Para terminar con esta persecución inútil es necesario detenerse, echar un vistazo alrededor y empezar a moverse por uno mismo. […]

Extracto del capítulo II – El sueño de los dioses

Desde tiempos inmemoriales la gente percibe que el mundo actúa de manera ambigua. Por un lado, todo lo que ocurre a nivel material es más o menos comprensible y explicable desde el punto de vista de las leyes naturales. Por otro, cuando uno se encuentra con fenómenos de un plano etéreo, estas leyes ya no funcionan. […]

La energía de los pensamientos en determinadas circunstancias es capaz de materializar uno u otro sector del espacio de las variantes. En el estado en el que el Transurfing se denomina *unidad de alma y razón* surge una fuerza mágica incomprensible, la intención exterior que es la que convierte la posibilidad potencial en realidad. […]

Todos venimos a este mundo desde el espacio de las variantes y regresamos a él, como si fuera entre bastidores, para cambiarnos de ropa y aparecer de nuevo en la superficie del espejo con un nuevo aspecto. […]

Cualquiera puede recordar sus anteriores encarnaciones si se despierta en esta vida, lo cual es similar a soñar despierto. Se sabe que hasta los cuatro años los niños son incapaces de distinguir el sueño de la realidad. Quizás uno recuerde sus vidas pasadas, pero no tiene la oportunidad de tomar conciencia de ello porque se le impone una «sensata» percepción del mundo. […]

El propósito de controlar la realidad está unido al objetivo de hacerlo lo mejor posible, y para que esto suceda, uno tiene que cambiar y adaptarse al ambiente que le rodea. La intención de todo ser vivo, desde los organismos unicelulares hasta el ser humano, se puede caracterizar por una fórmula general: *yo intento actuar así y ser de esta manera para controlar eficientemente la realidad.* Ésta es la intención que materializa los sectores correspondientes al espacio de las variantes y como resultado del cual se forman nuevos rasgos. […]

Vadim Zeland

PREFACIO

¡Querido lector!
Frente a ti, tienes la continuación de la serie de libros sobre Transurfing; un misterioso aspecto de la realidad que ha desencadenado muchas emociones dentro de la comunidad lectora. En el libro anterior aprendiste que los seres humanos son capaces de controlar la realidad si pueden deshacerse de la ilusión del espejo dual. En este libro aprenderás precisamente cómo hacerlo.

Cuando despiertas en un *sueño que estás teniendo mientras duermes despierto,* es como si salieras del flujo de los acontecimientos y te encontraras en medio de un enorme caleidoscopio que está rotando lentamente, centelleando con facetas de realidad. Tú eres una parte de esta realidad, y al mismo tiempo existes separadamente, autónomamente. Es exactamente lo mismo que cuando te haces consciente de tu «separación», habiendo recuperado la consciencia en un sueño, y te das cuenta que desde ahora en adelante tú determinas lo que sucede en tu sueño, y no al contrario.

Bajo ciertas condiciones, la energía mental humana es capaz de manifestar uno u otro sector en el espacio de variantes. Este estado, que en el Transurfing se llama *la unidad del alma y la mente,* genera un poder misterioso: la *intención externa.* Aquellos que han tratado de aplicar el Transurfing en su vida diaria cuentan con sorpresa cómo sus pensamientos se convierten en realidad del modo más incomprensible, y cómo la realidad cambia su apariencia literalmente ante sus ojos.

Por ejemplo, por alguna razón desconocida, la gente a tu alrededor empieza a tratarte con mayor afecto. Puertas que anteriormente parecían irremediablemente cerradas se abren. Al mismo tiempo, puedes notar fenómenos bastante interesantes: un cambio en los «tonos de los decorados», y «ondulaciones en la realidad», como las ondulaciones en el agua. La capa de tu mundo recupera su anterior frescura: el helado recupera el sabor que tenía cuando tú eras niño, mientras las esperanzas otra vez toman el deleite de la juventud. Pero lo más importante es la característica sensación de libertad interna; el privilegio de vivir de acuerdo con tu credo.

Curiosamente, no hay nada misterioso en esto, todo es real. Por lo tanto, cuando pongas a prueba las cosas que leas aquí, asegúrate de estar con los pies firmemente en el suelo, de modo que no vayas a caer al cielo de sorpresa y deleite.

CAPÍTULO I

UN MUNDO DE ESPEJOS

Mi mundo cuida de mí

Un espejo dual

La realidad se manifiesta de dos formas: de manera física, que podemos tocar con las manos, y metafísica, más allá de los límites de la percepción. Ambas formas existen simultáneamente, compenetradas recíprocamente y complementándose mutuamente. El dualismo actúa como una característica inseparable de nuestro mundo. Muchas cosas tienen su lado antagónico.

Imagínate de pie ante un espejo. Tú mismo actúas en calidad de objeto físico que existe en la realidad. Y tu reflejo, no teniendo sustancia material, es virtual, metafísico, pero al mismo tiempo tan real como el objeto que refleja.

El mundo se puede imaginar como un enorme espejo dual a un lado del cual está el universo físico y en el otro se extiende el espacio metafísico de las variantes. A diferencia de la situación con el espejo ordinario, el mundo material actúa en calidad de reflejo, cuya imagen original es la intención y los pensamientos de Dios y también de todos los seres vivos: sus encarnaciones.

El espacio de las variantes es un tipo de matriz, de plantilla, en el que tiene lugar el «corte», la «confección» y también el «desfile de la moda», el movimiento de toda la materia. En él se conserva la información sobre qué y cómo debe acontecer en el mundo material. La cantidad de diferentes posibilidades potenciales es infinita. Una variante representa un sector en el espacio, donde se contienen el escenario y la decoración, o lo que es lo mismo, la trayectoria y la forma del movimiento de la materia. En otras palabras, el sector determina en cada caso concreto lo que debe ocurrir y qué aspecto debe poseer.

De esta manera, el espejo divide el mundo en dos mitades: la real y la virtual. Todo lo que ha adquirido forma física se encuentra en la mitad real y se desarrolla en consonancia con las leyes naturales. La ciencia y la percepción del mundo ordinario tienen relación sólo con lo que ocurre en la «realidad». Por el término «realidad» se suele entender todo lo que se somete a la observación y a la influencia directa.

Si prescindimos del lado metafísico de la realidad y tomamos en consideración sólo el mundo material, entonces la realidad de todos los seres vivos –incluido el ser humano– se reduce a un proceso primitivo dentro de los límites de la intención interna. Con la ayuda de la intención interna, como se sabe, el objetivo se logra por medio de la acción directa en el mundo circundante. Para lograr algo es necesario emprender determinados pasos: empujar, entrar por la fuerza...; en una palabra, hacer un trabajo concreto.

La realidad material es tangible, reacciona inmediatamente a la influencia directa y esto crea la ilusión de que sólo de esa forma se pueden obtener algunos resultados. Sin embargo, en el ámbito del mundo material el círculo de los objetivos logrados se estrecha considerablemente. En este caso, hay que contar sólo con lo que se tiene. Todo depende de los medios, que habitualmente no son suficientes, y de las posibilidades, que son muy limitadas.

En este mundo todo está impregnado de un espíritu de rivalidad. Son demasiados los que quieren conseguir lo mismo. Y no alcanza a todos, por supuesto, dentro de los límites de la intención interior. Y ¿de dónde surgen las condiciones y las circunstancias necesarias para lograr el objetivo? Es del espacio de las variantes de donde se va a obtener.

En el otro lado del espejo hay de todo en abundancia, y además sin ninguna competencia. No hay mercancías en el almacén, pero lo bueno es que puedes elegir cualquier cosa como en un catálogo y hacer el pedido. Tarde o temprano el pedido será realizado y no hay que pagar por él, sólo es necesario cumplir una serie determinada y no muy exigente de condiciones y nada más. ¿No parece salido de un cuento de hadas?

En absoluto. Es totalmente real. La energía de los pensamientos no desaparece sin dejar huella: es capaz de materializar el sector del espacio de las variantes, según sus parámetros en correspondencia con su emisión de pensamiento. Todo lo que tiene lugar en nuestro mundo parece ser el resultado de la interacción entre objetos materiales. Igual de importante es el papel desempeñado por los procesos que tienen lugar en un plano etéreo, cuando las variantes existentes virtualmente se manifiestan en la realidad. Las relaciones de causa-efecto de los procesos etéreos no son siempre perceptibles y, no obstante, configuran al menos la mitad de toda la realidad.

La materialización de los sectores del espacio de las variantes, como norma, se realiza independientemente de la voluntad, ya que el ser humano, y seres menos evolucionados, no usa la energía de los pensamientos de una forma dirigida al objetivo. Como se demostró en el primer libro del Transurfing[1], la influencia de los modelos de pensamiento en la realidad se manifiesta básicamente en la forma de las peores expectativas.

La persona arraigada en la «realidad de la vida» deambula entre los vacíos estantes de las tiendas tratando de echar mano a la mercancía que ya tiene el cartel de «vendido». La mercancía que está al alcance de uno no es de buena calidad, pero por ella hay que pagar una suma considerable. Y en vez de echar simplemente un vistazo al catálogo y hacer el pedido, esta persona empieza a agitarse totalmente confusa, haciendo largas colas, intenta con todas sus fuerzas colarse entre la multitud y también tiene conflictos con vendedores

---

1. *Reality Transurfing - El espacio de las variantes vol. I*, Ediciones Obelisco, Barcelona, 2010.

y compradores. Como resultado no llega a sus manos lo que desea y cada vez tiene más problemas.

Esta realidad tan poco halagüeña se crea sobre todo en la consciencia de la persona, desde donde poco a poco se va materializando y se trasmite a la realidad. Cada ser humano, con sus acciones directas por un lado y con sus pensamientos por otro, crea *el estrato de su propio mundo*. Todos estos estratos se superponen unos sobre otros y de esa forma cada ser aporta su grano de arena a la formación de la realidad.

El estrato del mundo se caracteriza por un conjunto determinado de condiciones y circunstancias de las que se constituye el estilo de vida de un determinado ser (de ahora en adelante nos referiremos sólo a los seres humanos). Las condiciones de existencia pueden ser diferentes: favorables o no, fáciles o difíciles, benévolas o agresivas. Por supuesto, el ambiente familiar juega un papel importante. Pero posteriormente la vida trascurre en su mayor parte en función de cómo la persona se trata a sí misma y al mundo circundante. Su percepción del mundo en gran medida determina los cambios posteriores en su estilo de vida. El sector en el espacio de las variantes que se materializa es, en realidad, el sector del escenario y los decorados que corresponden a la dirección y a la naturaleza de los pensamientos de la persona.

Hay, por lo tanto, dos factores que toman parte en la formación de un estrato individual: por un lado del espejo, la intención interna, y por el otro la externa. La persona influye con su acción directa en los objetos del mundo material y con sus pensamientos materializa en la realidad lo que todavía no existe.

Si una persona está convencida de que en el mundo todo lo mejor ya ha sido vendido, entonces sólo le quedan estantes vacíos. Si piensa que para conseguir una buena mercancía es necesario hacer una enorme cola y pagarla cara, así sucederá. Si las expectativas son pesimistas y están llenas de dudas, desde luego que se justificarán. Y si la persona piensa encontrarse con un ambiente hostil, sus presentimientos se cumplirán. Sin embargo, si la persona presintiera la ingenua idea de que el mundo le reserva para ella todo lo mejor, entonces esto también de algún modo se reflejaría en la realidad.

Un día, un tipo extraño que no tiene conocimiento de que todo se da muy fácilmente, en una ocasión, de manera incomprensible, se encuentra en un puesto al que acaban de traer mercancía como si fuera a propósito para él. Y resulta que al primer comprador le sale todo gratis. Tras él ya hay formada una larga cola de aquellos que están convencidos de que la realidad de la vida es mucho más dura y los tontos simplemente tienen suerte.

La vida es un juego, en el cual el mundo constantemente le propone a sus moradores la misma adivinanza: «¡Adivina quién soy!». Y cada uno responde en función de su percepción: «Tú eres agresivo» o «Tú eres acogedor». O «alegre, lúgubre, sociable, hostil, feliz, desgraciado».

Y lo que es curioso: ¡en este concurso ganan todos!; el mundo accede y aparece ante cada persona del modo en que haya sido ordenado. Y si el tipo extraño cambia su actitud hacia el mundo una vez que se ha topado con «las realidades de la vida», la realidad cambiará en correspondencia y arrojará al «iluminado» hacia el final de la cola.

Es así como la persona, a imagen de sus pensamientos, configura el estrato de su mundo. La explicación de tal proceso se reduce a varios principios. Formulemos el primer principio del espejo: *el mundo, como un espejo, refleja tu relación hacia él.*

El mundo literalmente acepta lo que uno piensa de él. Pero, ¿por qué como norma se cumplen las peores expectativas y no así los sueños y esperanzas? Hay motivos concretos para ello, el segundo principio del espejo: *la imagen del espejo se configura en la unidad del alma y la mente.*

Si la mente no entra en conflicto con las órdenes del corazón o viceversa, entonces, surge una fuerza abismal: la intención externa que materializa el sector del espacio de las variantes y que corresponde a la imagen del pensamiento. En la unidad del alma y la mente esta imagen adquiere contornos nítidos y consecuentemente se materializa inmediatamente en la realidad.

Sin embargo, en la vida a menudo sucede que el alma aspira a algo, pero la mente duda y no le deja que lo realice. O al revés, la mente propone argumentos convincentes y el corazón permanece indiferente. Cuando se destruye la unidad, la imagen se representa borrosa, es como si se desdoblara: el alma desea una cosa y la mente insiste en otra. Y sólo en una cosa coinciden incondicionalmente: en la aversión y el temor.

Puesto que si una persona odia, odia con toda su alma, y si siente miedo lo siente con todo su ser, en la unidad de la aversión se crea una clara imagen de lo que espera evitar. El alma y la mente como dos manifestaciones de la realidad, la material y la metafísica, se unen en un punto y la forma del pensamiento se materializa en la realidad. Como resultado, todo lo que uno no soporta, lo va a recibir.

Los deseos, a diferencia de las aversiones, no se cumplen tan fácilmente porque la unidad en este caso se consigue más raramente. El alma se opone a la mente ya que la primera, al someterse a la influencia de los péndulos, se fija en objetivos ajenos, y la mente, a su vez, o bien no reconoce sus verdaderos deseos o no cree que realmente se puedan cumplir.

Existe la opinión de que para lograr un objetivo hay que formular claramente la petición y luego dejar libre este pensamiento en el espacio y no acordarse de él por un tiempo para no obstaculizar el cumplimiento del deseo. Si fuera así de sencillo…

Semejante técnica funciona exclusivamente sólo al aplicar el segundo principio del espejo. Sin embargo, la unidad del alma y la mente se puede lograr sólo en casos aislados puesto que es imposible evitar las dudas traicioneras. ¿Qué se puede hacer entonces?

Para eso existe el tercer principio del espejo: *el espejo dual reacciona con demora*. Si no se consigue cumplir el segundo principio, entonces el asedio a la fortaleza durará más.

Imagínate la siguiente situación. Te sitúas frente a un espejo pero enfrente no ves nada. Y sólo después de algún tiempo empieza a aparecer una imagen parecida a una fotografía. En un momento determinado, empiezas a sonreír pero en el espejo continúas manteniendo una expresión seria. Levantas los brazos y en el espejo no se refleja. Bajas los brazos y nada sucede en el espejo. Para verte en el espejo con los brazos levantados, tienes que mantenerlos levantados durante un cierto tiempo.

De igual forma funciona el espejo dual. Sólo que aquí el retraso es mucho mayor y por lo tanto los cambios que ocurren en el espejo son imperceptibles. La realización material es inerte como el alquitrán. A pesar de ello, la imagen mental –o como se denomina en el Transurfing, *diapositiva*– puede ser completamente realizada. Y lo que se exige es sólo una condición elemental: *la diapositiva tiene que girar en tus pensamientos sistemáticamente en un período de tiempo bastante prolongado.*

Como se ve el secreto es sencillo, pero esto es, en realidad, todo lo que se necesita. Parece difícil de creer que todo sea tan trivial. Un trabajo normal, rutinario, sin ninguna magia. Pero realmente así funciona. Lo que ocurre es que la gente no tiene paciencia. Se entusiasman con una idea, pero pronto se desilusionan y la abandonan. Así que para la materialización de una forma de pensamiento es necesario llevar a cabo un trabajo concreto con la diapositiva. El peor de los casos sería esperar un milagro que no va suceder.

Cuánto será el tiempo necesario para la realización de la diapositiva depende de la complejidad del objetivo planteado. Mientras que la mente dude de la viabilidad de la realización de lo pensado, la imagen será borrosa. Pero tarde o temprano, en el espejo empieza a aparecer algo parecido a una representación. Tú mismo lo percibirás cuando la intención exterior abra las puertas necesarias; las oportunidades para lograr el objetivo. Entonces la mente se convencerá de que la técnica da sus frutos y el objetivo resulta realmente alcanzable. El alma y la mente van uniéndose paulatinamente y la emisión mental se focaliza, creando una imagen nítida. Como resultado se forma un reflejo y sucede lo que suele denominarse milagro: el sueño que parecía imposible se convierte en realidad.

La amalgama de la realidad

Con la ayuda de la técnica de las diapositivas, descrita en el primer libro del Transurfing, se puede crear la imagen que el espejo del mundo convierte en realidad. Pero junto con una imagen concreta, estaría bien mantener un fondo invariable que creara una constante y favorable atmósfera en el estrato de tu mundo.

Quizás hayas percibido que tu reflejo se manifiesta de manera diferente en diferentes espejos. Parece que el rostro es el mismo pero cada espejo tiene sus tonos. Se destacan matices vagos aunque perfectamente perceptibles: tonalidad emocional, estado de ánimo e incluso tipo psicológico. En los diferentes espejos tu reflejo puede ser agradable o desagradable, sano o enfermo, atractivo o no, cálido o frío.

¿Cuál puede ser la causa de tal disparidad? Después de todo, la superficie reflejada debe trasmitir fielmente la misma copia de una y otra imagen. Sin embargo, hay una serie de factores que muestran una influencia considerable en la trasmisión de la imagen. Como en una fotografía, también en nuestro caso depende de la luz, del color de fondo e incluso del espejo mismo.

Ya en la Edad Media, la gente percibía el encanto especial de los espejos venecianos. El cristal veneciano era valorado por su calidad excepcional. Pero no era el cristal lo que proporcionaba al espejo su particular cualidad. La gente percibía que por algún extraño motivo mirarse en un espejo veneciano era mucho más agradable que en uno normal. La cara al ser reflejada adquiría un atractivo especial.

Y es que los maestros de Venecia tenían su especial secreto. Añadían oro a la amalgama, la composición que reflejaba la superficie, y eso hacía que en el espectro del reflejo predominaran tonos cálidos.

De igual modo, se puede perfeccionar una pieza de espejo dual para uno mismo. Para formar un estrato adecuado para uno mismo es necesario formular una amalgama especial. El estrato del mundo está compuesto de multitud de reacciones, la actitud de la persona hacia sí misma y también hacia una u otra manifestación de la realidad circundante. De este espectro de relaciones hay que destacar una línea principal que determina el fondo dominante.

En calidad de dominante puedes escoger, por ejemplo, la siguiente fórmula: «*Mi mundo se ocupa de mí*». La gente enseguida manifiesta su insatisfacción cuando hay motivo para ello, y todo lo bueno lo admite de manera indiferente. Lo hace inconscientemente, reaccionando como si fuera una ostra por la fuerza de la costumbre.

Ahora elévate un escalón por encima de la ostra, despiértate y utiliza tu ventaja para expresar la reacción conscientemente. Ajusta tu percepción del mundo a un objetivo en correspondencia con la idea dominante y entonces percibirás cómo reacciona el espejo. Éste va a ser tu primer paso para controlar tu realidad.

Recuerda cuando en algún momento de tu infancia el mundo se preocupó realmente por ti, pero tú no lo valoraste sino que lo tomaste como un deber. Echa un vistazo al pasado. Tal vez, esto pudo haber ocurrido en casa de tu abuela en la aldea. Echa una mirada reflexiva a aquellos lejanos días cuando te sentías a gusto y sereno. Los fragmentos de los recuerdos a veces se manifiestan muy claramente. Es como si de la cocina saliera un olor mágico, sublime, la abuela preparando dulces. O tal vez te recuerdas en la orilla del río pescando o yendo en trineo. ¿Cómo era? Trata de recordar ese sentimiento característico de placidez.

Eso sucedía porque el mundo se ocupaba de ti, y tú de alguna manera lo sospechabas pero no le dabas importancia. Aunque tampoco exigías demasiado. Simplemente te encontrabas bien y eso era todo. Un niño incluso cuando se encapricha no pone el alma en su enfado. Chilla, patalea, hace aspavientos. Pero el mundo lo trasporta cuidadosamente y le susurra cariñosamente: «¡Pero qué puerquito eres! ¡Te has manchado! ¡Vamos a lavarnos!».

Y esta personita crece y el mundo le reserva todo lo mejor, le regala nuevos y maravillosos juguetes y lo trata con amor. El mundo se preocupa por su discípulo, un niño querido y mimado. El afortunado descubre multitud de nuevas satisfacciones porque todo ocurre por primera vez y todo es nuevo, pero no se da cuenta de que en este momento está disfrutando de la vida. Sólo lo comprende muchos años después, cuando recuerda lo bueno y maravilloso que era todo en comparación con lo actual.

Pero, ¿por qué con el tiempo todas las tonalidades de la vida palidecen y el sentimiento de placidez es desplazado por el de una preocupante ansiedad? ¿Se debe a que con la edad los problemas aumentan? No, es porque al crecer, la persona adquiere la tendencia a expresar una actitud negativa. La insatisfacción es un sentimiento más fuerte que simplemente la satisfacción recibida del confort y la calma.

No se entiende cómo, a pesar de todo, una persona feliz exige al mundo más y más. Las exigencias del discípulo crecen, se hace cada vez más caprichoso y desagradecido. Al mundo, por supuesto, no le da tiempo a satisfacer las rápidas y crecientes demandas y el niño mimado empieza a quejarse por todo. Él cambia su relación con el mundo: «¡Eres malo! ¡No me das lo que quiero! ¡No te preocupas de mí!». Y en esta relación negativa se deposita toda la fuerza de la unidad del alma insatisfecha y la mente caprichosa.

Pero el mundo es un espejo y no puede hacer otra cosa que encogerse de hombros con resignación y responder: «¡Como quieras, querido! ¡Hazlo a tu manera». Como resultado, la realidad, reflejo de los pensamientos de la persona, cambia a peor. Y cuando los motivos de insatisfacción aumentan entonces a su vez empeora la relación de la persona con el mundo. Y el niño querido y mimado se convierte en un cascarrabias, que se queja constantemente y pareciera que el mundo le debiera algo.

Una triste estampa. La persona no entiende que es ella misma la que lo estropea. Viendo en el reflejo del espejo ciertos rasgos desagradables, la persona focaliza su atención en ellos y automáticamente expresa su relación negativa, y como resultado de ello todo empeora.

La realidad en el reflejo paulatinamente palidece, siguiendo la imagen original. Así es como el estrato del mundo de cada persona pierde su primigenia frescura de colores y se hace cada vez más sombrío e incómodo.

Pero uno puede restituirlo todo como estaba en el pasado. Tanto el sentimiento de placidez, como el sabor del helado de la infancia, como la percepción de novedad y esperanza en el futuro y de alegría por vivir. Y esto se hace de manera muy sencilla. Tan sencilla que resulta difícil de creer. No necesitas creerlo, simplemente inténtalo. A nadie se le ocurre que el estrato del mundo pueda renovarse si uno toma la relación con la realidad bajo su control consciente. Según construya su percepción del mundo, así se le presentará el mundo circundante. Esto no es un simple llamamiento a mirar la vida con optimismo, sino que es necesario también un trabajo concreto para formar nuestra propia realidad.

Desde este momento, no importa lo que ocurra, confecciónate una regla para mantener tu relación bajo control. No importa que actualmente las cosas no vayan tan bien como a ti te gustaría. De todas formas, no todo está tan mal e indudablemente podría estar mucho peor. Al fin y al cabo, no caen piedras del cielo, la tierra no arde bajo nuestros pies y no nos persiguen fieras a cada paso.

Sí, el mundo ha cambiado mucho desde que le perdiste el cariño ¿Recuerdas cuando te arrullaban en el regazo, comías dulces de la abuela, te contaban cuentos? Pero ya has crecido y entre tú y el mundo se ha erigido una pared de distanciamiento.

La cálida naturalidad se trasformó en indiferencia, la confianza se convirtió en recelo y la amistad se trasformó en un frío cálculo. Y de todas formas el mundo no se ofendió contigo y no te abandonó.

Simplemente, silencioso y triste, pasea cabizbajo a tu lado como un viejo amigo al que se le recibe fríamente.

Echa un vistazo a tu alrededor. Tu mundo sigue cuidando de ti. Los árboles y las flores han sido plantados para ti. No le prestas mucha atención al sol, al cielo, a las nubes, pero imagínate que no existieran. Y por la tarde, tras una dura jornada laboral, tienes la posibilidad de descansar y disfrutar de un lugar acogedor mientras que tras la ventana sopla un viento frío y cae un aguacero. El mundo sigue alimentándote y acostándote en tu cama. Al mirarte, suspira con pena por los tiempos dichosos. Y tú te das la vuelta indiferente y te duermes con la firme convicción de que el mundo se porta peor ahora y que el pasado no va a regresar.

Pero el mundo no ha cambiado igual que no puede cambiar un espejo. Lo que ha cambiado es tu propia actitud hacia él, y la realidad ha seguido como un reflejo de tus pensamientos.

Ahora desperézate, abre los ojos, incorpórate en la cama y mira a tu alrededor: sí, es él, ese mismo mundo que se preocupaba por ti y con el cual hace algún tiempo pasabas gustosamente tu tiempo. ¿Te imaginas lo que se alegra de que finalmente te hayas despertado de esa falsa ilusión?

A partir de ahora tu relación será como en el pasado. Pero no vuelvas a ofender a este viejo y fiel servidor con tu actitud desagradecida. Y lo más importante, tómatelo con tranquilidad. Porque sabes que de acuerdo con el tercer principio del espejo, la paciencia es también necesaria para volver al estado anterior. Al principio necesitas tener paciencia y autocontrol. Debes comprender que realizas un trabajo concreto para configurar tu realidad.

El trabajo consiste en lo siguiente. Al enfrentarte a cualquier circunstancia, por poco significativa que sea, repite fielmente la fórmula de la amalgama; en cualquier situación, independientemente de que ocurra algo bueno o malo. Si la suerte te sonríe, no olvides afirmar que el mundo realmente te cuida. Realiza esta afirmación en cualquier situación por muy pequeña que sea. Cuando las circunstancias son desfavorables, sigue repitiendo a pesar de ello que todo funciona como debe, según el principio de la coordinación de la intención.

No importa qué circunstancias concurran, tu reacción debe ser siempre la misma, el mundo siempre cuida de ti. Si has tenido suerte, presta especial atención a ello, y si no, sigue el principio de la coordinación de la intención y siempre te mantendrás en la línea exitosa de la vida. Puesto que no puedes saber de qué dificultades te protege el mundo y de qué forma lo hace, confía en él.

Es necesario aprender a confiar. La persona cuando se encuentra en una situación difícil es más partidaria de confiar en sus fuerzas que en una favorable coincidencia de circunstancias. Un niño crecido repite tercamente: «Lo hago yo mismo». Entonces el mundo lo deja en el suelo y le da la oportunidad de hacerlo por sí mismo: «Vale, vale, querido. Anda por ti mismo».

Rompe el hielo de la desconfianza. Al enfrentarte a algún problema, incluso el más insignificante, dite a ti mismo: «Dejo que el mundo se preocupe de mí». Esto no significa que no haya que tomar ninguna iniciativa y quedarse sentado cruzado de brazos. De lo que se trata es de acostumbrarse a la idea de que todo por defecto debe conformarse de manera satisfactoria. El espejo refleja tu idea de manera impecable. «Será exactamente como tú piensas».

Adquiere la costumbre de permitir al mundo cuidar de ti, desde lo más baladí hasta las más importantes cuestiones. Así, por ejemplo, sales de casa sin paraguas y parece que va a llover. No hay que regresar. Repítete a ti mismo: «Mi mundo y yo vamos a pasear». Dile a tu mundo: «Cuidas de mí, ¿verdad?». Y él, por supuesto, responde: «Por supuesto, querido, por supuesto». Puedes confiar plenamente en él. No va a llover y si llueve el mundo te proporcionará refugio. Sin embargo, en caso de no lograrlo, no te ofendas porque el mundo no se haya preocupado por ti, por si tenías dudas con respecto a esto. No olvides que te encuentras frente a un espejo, en él simplemente se refleja con precisión tu percepción del mundo, ni más ni menos.

No hay que afligirse demasiado, y mucho menos intentar luchar contra tus dudas, es inútil. Deja espacio para los errores y los fracasos. Lo importante es mantenerse en la misma dirección.

En general, se puede confiar en el mundo en muchos aspectos si permites que cuide de ti. La persona no es capaz de solucionar por sí misma todos los problemas. Trasmíteselos al mundo, el mundo tiene muchísimas más capacidades que tú. Por ejemplo, tú no puedes evitar sólo con tu intención todos los peligros porque el estrato de tu intención se entrecruza con muchas otros estratos que pertenecen a otras personas. En vez de dirigir tu intención hacia tu seguridad, dirígela hacia la formación del mundo que se preocupa y cuida de ti. Entonces funcionará la intención de tu mundo.

Independientemente de lo que más te preocupe, puedes elegir una amalgama especial. Así por ejemplo: «Mi mundo elige para mí lo mejor. Si me traslado por la corriente de las variantes, el mundo vendrá a mi encuentro. Yo mismo con mi intención configuro el estrato de mi mundo. Mi mundo me protege. Mi mundo me libera de los problemas Mi mundo se preocupa de que mi vida sea fácil y cómoda. Yo lo pido y mi mundo lo cumple. Puede que *yo* no sepa, pero *mi mundo* sabe cómo preocuparse de mí. Mi intención se realiza, todo va en esa dirección y todo va de acuerdo al plan».

Y se puede idear una nueva y propia amalgama o incluso varias. Lo más importante es armarse de paciencia y no cesar de constatar la fórmula de la amalgama siempre que haya oportunidad de hacerlo. La persistencia es necesaria sólo al principio, hasta que se adquiera el hábito. Luego todo irá sobre ruedas.

Ni siquiera te imaginas la poderosa fuerza que encierra esta simple técnica. *Al dirigir tu relación con el mundo, diriges la realidad.* El espejo dual materializará en realidad las áreas del espacio de las variantes donde el mundo se preocupa de tu bienestar. Con el tiempo, formularás una realidad muy cómoda para ti mismo.

Mentalízate, te espera una formidable oleada de agradables acontecimientos. Digo esto sin la más mínima exageración. El estrato de tu mundo se trasformará literalmente de tal forma que apenas tendrás tiempo de sorprenderte. Y desde ese momento comprenderás que no volverás a mirarte en el espejo del mundo como solías hacerlo. Acabas de experimentar el soplo de los cambios. Tú y tu mundo estáis de nuevo juntos. Él se ocupará de todo, no lo dudes.

Persiguiendo el reflejo

La persona con su percepción del mundo crea un estrato individual del mundo, una realidad aparte. Dependiendo de la actitud de la persona, esta realidad adquiere uno u otro matiz. Hablando figuradamente podemos decir que se establecen determinadas «condiciones atmosféricas»: frescura matutina con un sol brillante, o nublado y lluvia, y puede ocurrir que sople un huracán o que ocurra una catástrofe natural.

Hasta cierto punto la realidad circundante se forma, como se suele pensar, como resultado de las acciones directas del individuo. Pero las formas mentales poseen una fuerza no menor, lo que sucede es que su trabajo no se percibe tan claramente. En cualquier caso, la mayor parte de los problemas surgen por una actitud negativa. Y después todo este embrollo surgido a un nivel metafísico hay que desenmarañarlo a nivel físico, lo que sólo complica el asunto.

En general, la imagen de esta realidad aparte depende de cómo esté mentalizada la persona en su actitud hacia todo lo que la rodea. Pero al mismo tiempo su mentalización está condicionada por lo que ocurre a su alrededor. Sería como un círculo vicioso: la realidad se forma como reflejo de la imagen de los pensamientos de la persona y la imagen a su vez está determinada en muchos aspectos por el propio reflejo.

La persona, de pie ante el espejo, concentra en él toda su atención sin intentar mirarse a sí misma desde dentro. Y de ahí que el reflejo y no la imagen juegue un papel predominante en la cadena de la retroalimentación. Al encontrarse bajo la influencia del espejo, la persona parece hechizada y mira su copia. No se le ocurre que pudiera cambiar el original. Es precisamente por esta obsesión de concentrar la atención en el espejo por la que recibimos lo que verdaderamente no deseamos.

Habitualmente, los sentimientos negativos atrapan totalmente la atención de la persona. Nos preocupamos por cosas que no nos satisfacen. Pensamos en lo que no queremos y no queremos lo que pensamos. Ésa es la paradoja. Pero el espejo no toma en consideración lo que una persona quiere o no quiere, simplemente reproduce nítidamente el *contenido* de la imagen, ni más ni menos. Es una situación totalmente absurda el que arrastremos con nosotros eternamente cosas que no soportamos. No es que mis palabras sean mis enemigas, sino que los pensamientos son mis enemigos. A pesar de lo absurdo que resulta, así es en realidad.

¿Qué ocurre cuando odiamos algo? Ponemos en este sentimiento la unidad del alma y la mente. Una nítida imagen, perfectamente reflejada en el espejo, cubre toda la capa de nuestro mundo. Lo que odias, lo recibes con creces. Como resultado uno se enfada más, incrementándose en consecuencia la fuerza de ese sentimiento. Mentalmente uno envía los demás: «Cuanto más lejos mejor». «¡Fuera todos de aquí!». Y el espejo devuelve este bumerán. Tú enviaste a los demás por ahí y a ti te envían también. ¿Aumenta la cantidad de problemas? Ya lo creo. Si uno se pone delante de un espejo y empieza a gritar: «Piérdete», ¿qué reflejo podemos obtener? Pues que tú también te pierdas junto con tu mundo.

De la misma forma el objeto de condena atraviesa el estrato del «acusador». Imagínate un ejemplo típico: una mujer mayor y amargada mira el mundo con desprecio. Ella misma es la viva personificación de la implacable e infalible justicia, ella tiene razón «ante la gente y su conciencia», mientras el resto del mundo es culpable y tiene que responder por no ser de su agrado. La imagen está perfectamente clara y delimitada. Al mirarse al espejo con tal soberbia, ella crea alrededor de sí una realidad equivalente, es decir, una completa injusticia. ¿Y de qué otra manera puede reaccionar el mundo? El mundo no la censura y no se justifica a sí mismo. El mundo con su cualidad inherente se convierte en lo que la gente imagina.

Lo mismo sucede en caso de considerar algo inaceptable. Por ejemplo, si una mujer tiene una actitud negativa hacia el consumo de alcohol, entonces estará condenada a encontrarse con él a cada paso. El alcoholismo la va a incordiar de múltiples maneras incluso hasta el punto de casarse con un alcohólico. Cuanto más repugnancia sienta la mujer, tanto más beberá el hombre. De vez en cuando él intentará dejarlo. Pero ella odia tanto el alcoholismo que literalmente se regocija en su aversión y repite vengativamente: «¡No, tú no dejarás de beber!». Y realmente si el marido no demuestra una firme intención, la esposa está tan «obstinada» en su aversión que puede inculcar su forma de pensar en el estrato de su mundo.

La tendencia a las expectativas pesimistas parece poco atractiva desde fuera. Una actitud del tipo: «No funcionará de todas formas», es similar al sadomasoquismo. El pesimista obtiene un placer perverso, deleitándose en su difícil destino: «El mundo es tan cruel que no hay nada que hacer. Así que al diablo con él y conmigo». Tal hábito patológico de deleitarse en el negativismo se desarrolla junto con la predisposición a la ofensa: «Si yo soy maravilloso. ¿Por qué no se me aprecia? Es el colmo de la injusticia. Bueno, ya está, eso me ofende y no trates de persuadirme. Cuando me muera, ya os daréis cuenta…». ¿Y qué conclusiones se sacan de esto? En el espejo no sólo se refleja sino que también se refuerza la imagen del infortunio. La persona ofendida «encarga» un escenario desafortunado y después lo celebra: «¿Qué decía yo?», y el espejo sólo cumple la orden: «Lo que usted quiera».

Con tal fatal designio, un fracasado constata su nada envidiable situación: «La vida es oscuridad total y por ningún lado se ve un rayo de esperanza». Intenta con toda su alma librarse de tal destino y por eso toda su energía mental se va en quejas y lamentaciones.

Pero ¿qué puede reflejar el espejo si lo que se ve es una insatisfacción total en la imagen originaria?: «Estoy insatisfecho. No quiero semejante reflejo». «Sí, tú estás insatisfecho y tú no quieres». De nuevo el hecho mismo se refleja, ni más ni menos.

La insatisfacción con uno mismo posee la misma naturaleza paradójica, se genera por sí misma. Existe una regla de «oro», que puede incluirse en los manuales para tontos integrales: «Si no me gusto a mí mismo, significa que no me gusto a mí mismo». Y esta tautología contiene el principio que, por muy extraño que parezca, dirige a la mayoría de la gente.

Tomemos, por ejemplo, la apariencia física. Se puede observar que prácticamente todos los niños son muy guapos. ¿De dónde surge entonces el aspecto de insatisfacción de tantos adultos? De ahí mismo, del espejo que devuelve todas las quejas. Quien tiene la tendencia a admirarse a sí mismo será atractivo, en eso consiste el secreto. Se rigen por la ley: «Si yo me gusto mí mismo, entonces habrá más y más motivos para ello».

Totalmente diferente es cuando la imagen le dice a su reflejo: «He engordado un poco, tendría que adelgazar», a lo que el espejo impasiblemente responde: «Sí, tú estás gorda, tienes que adelgazar». O, por ejemplo, «Parece que he adelgazado, tengo que ponerme cachas», a lo que sigue la respuesta: «Sí, estás enclenque, tienes que ponerte cachas». La realidad responde como un eco, confirmando lo que oye.

Y de ahí que el complejo de inferioridad se alimente a sí mismo. A la baja autoestima sigue la correspondiente sentencia que el espejo trasforma en realidad: «No tengo ningún talento especial»/«Sí, eres un inepto». «No me merezco una mejor suerte»/«Sí, no debes esperar nada».

Y si además de todo esto se tiene un sentimiento innato de culpa, entonces apaga y vámonos.

«¿Soy culpable? ¿Tengo que pagar mi deuda?»/«Sí, te mereces un castigo y lo tendrás». ¿Y qué de otra forma puede ser? Si la persona, incluso inconscientemente, percibe su culpa, ¿qué puede reflejarse en el espejo? Pues algún tipo de castigo, sin duda.

¿Es necesario todavía decir que las preocupaciones y los miedos se materializan también inmediatamente? La persona siente miedo a tantas cosas que la mayoría de ellas no ocurren sólo porque se necesita un gran gasto de energía. Los accidentes y las catástrofes son siempre anomalías que desentonan de la corriente equilibrada de las variantes. Pero si un acontecimiento no deseado tiene lugar lejos de la corriente, inevitablemente sucederá porque la persona lo atrae con sus pensamientos.

Las dudas actúan al revés. A diferencia del miedo, que fija su atención en la posibilidad de realización de algún acontecimiento, la duda está más concentrada en que esto no ocurra. Y naturalmente, en muchos casos, las dudas, como si fuera a propósito se cumplen. Pero ¿por qué a propósito? A la gente sólo le parece que un tipo de ley de Murphy está actuando. En realidad, el espejo simplemente refleja el contenido de los pensamientos, y nada más.

En cualquier caso, el deseo de evitar algo aumenta considerablemente la posibilidad del impacto. Todo sucede adrede, por lo que la persona muy a menudo se enoja y pasa la mayor parte del tiempo en este estado. El enojo completa la imagen general de la percepción del mundo. Como resultado de todo ello, se obtiene una imagen integral: «Yo me siento incómodo». En correspondencia con ello, se crea una realidad individual en la que todo conduce a mantener esta incomodidad y a agudizarla.

La persona con su actitud negativa pinta de color negro su estrato del mundo. Cualquier actitud en la cual se deposita un furioso sentimiento del alma y una firme convicción de la mente se refleja en la realidad. Y esto sucede literalmente, una tras otra, independientemente de lo que la persona intente expresar: atracción o aversión. Aquí funciona el cuarto principio del espejo: *el espejo simplemente constata el contenido de la actitud, ignorando su orientación.*

¿Cómo reacciona la persona cuando ve que se realiza lo que no quiere? En vez de mirar a la imagen, dirige toda su atención al reflejo e intenta cambiarlo. El reflejo es la realidad física y aquí estás obligado a actuar sólo dentro de los límites de la intención interna. Quiere decir que si el mundo no obedece y se mueve hacia otro lado, hay que cogerlo por el cuello y arrastrarlo con todas tus fuerzas poniéndolo donde quieres que esté. Es, sin duda, una tarea difícil. Y en muchos casos completamente inviable. Y todo ello porque la situación es completamente absurda: la persona, delante del espejo, intenta atrapar con las manos su reflejo y hacer algo con él.

La intención interna por medio de la influencia directa se afana por cambiar la realidad consumada. La casa está construida pero no como se quería. Hay que desmontarla y volver a hacerla, pero aún así no sale como uno quiere. La persona tiene una sensación como si estuviera al volante de un coche descontrolado. Los frenos no responden, el motor se ahoga, o ruge a todo volumen. El conductor intenta establecerse en la realidad pero el vehículo se comporta de manera totalmente impredecible.

De acuerdo a toda lógica, para evitar un obstáculo hay que esquivarlo. Sin embargo, sucede todo lo contrario: desde el momento en que el peligroso obstáculo ha captado la atención, la colisión es inevitable. Giras el volante hacia un lado y el coche te lleva hacia otro. Y cuanto más fuerte pisas los frenos, mayor es la velocidad.

Sucede que no es la persona la que controla la realidad, sino es la realidad la que controla a la persona. Las sensaciones son como en la tierna infancia: aquí estoy, corriendo y chillando a grito pelado. El mundo no desea someterse a mí, ¡cómo me ofende! No quiero oír a nadie ni comprender nada. Simplemente corro y vocifero y mi llanto es modulado por los golpes de mis pies contra el suelo.

¿Te acuerdas ahora de cómo sucede esto? ¿Y por qué soy tan torpe? Los adultos me intentan explicar algo pero yo no tengo ganas de comprender. Todo debe ser como yo digo y punto.

Yo he crecido pero nada ha cambiado, no he comprendido nada. Igual que antes pataleo y exijo que el mundo me obedezca. Pero el mundo hace todo por llevar la contraria y yo de nuevo corro y vocifero. Corro al encuentro de la realidad pero el viento de la intención interior me sopla en la cara. Y todo es en vano, la realidad me controla, me obliga, como si yo fuera una ostra, a reaccionar negativamente, y debido a ello todo empeora.

¿Cómo puedo conducir este loco coche? ¿Qué tengo que hacer, dónde está el error? El error está en que se mira en el reflejo sin apartar la vista de él y de ahí surgen todos tus problemas. Y lo que deberías hacer es lo siguiente:

En primer lugar, hay que cesar de perseguir el reflejo y detenerse. Lo que significa que hay que apartar la vista del espejo y negarse a usar la intención interior para hacer girar el mundo para el lado que a ti te conviene. En este momento, el coche descontrolado frena en seco y la realidad también se detiene. Y tras esto tendrá lugar algo increíble: el mundo se dirige a tu encuentro.

El mundo se dirige a mi encuentro

La mente humana común intenta sin éxito influir en el reflejo del espejo cuando en realidad habría que cambiar la imagen en sí. La imagen es la dirección y la naturaleza de los pensamientos de la persona. El problema reside en que la gente primero mira el espejo y sólo tras esto expresa su actitud hacia lo visto. Al hacerlo, expresan su intención, voluntaria o involuntariamente, lo que empeora todavía más la realidad.

La tendencia al negativismo origina todos los nuevos rasgos negativos en el espejo. El estrato individual del mundo se tiñe de tonos sombríos y se llena de acontecimientos poco favorables para su propietario. Cuando la persona se desanima, las nubes en el espejo se condensan naturalmente todavía más. En el momento en que se adquiere una postura agresiva, el mundo en respuesta a ello se pone inmediatamente a la defensiva. Fíjate en lo siguiente: si discutes con alguien, expresando bruscamente tu descontento, inmediatamente tras ello sobrevendrá alguna adversidad. Y cuanto más te enfades, tanto más obstinadamente aparecerán nuevas adversidades, todos a tu alrededor empiezan a incordiarte.

La persona está unida al espejo por hilos de importancia. Al fin y al cabo, todo lo que en él acontece es propiamente tu vida y tiene gran significancia. A la persona le gusta lo que ve o no le gusta. Pero en cualquier caso, el contenido de sus pensamientos coincide con el reflejo y se consolida consiguientemente todavía más la situación existente. En la medida en que la imagen se encuentra en poder del reflejo, igualmente la persona se convierte en totalmente dependiente de su realidad circundante.

Cuanto más intenso es el sentimiento, más fuerte es el nexo con el espejo. No importa *qué* estás pensando, lo que es importante es *sobre* lo que piensas. Te guste o no el reflejo, de todas formas piensa en ello. Sólo el contenido de los pensamientos tiene importancia: «¡Déjame en paz!» o «¡Estoy harto de todo esto!». Pero independientemente de la dirección, la actitud porta en sí el objeto de la insatisfacción. Y un sentimiento intenso, creado en la unidad de la mente y el alma, trasmite a la imagen unos contornos bien definidos. Como resultado de ello, en el reflejo empieza a predominar todo lo que corresponde a los contenidos de la imagen.

Así, de esa manera, los pobres se empobrecen cada vez más mientras los ricos se hacen más ricos, todos se miran en el espejo del mundo y cada uno a su manera constata la apariencia de la realidad que le rodea. Esta realidad lo absorbe como una ciénaga. Una anciana haciendo cola para cobrar su pensión. Una mujer cansada portando pesadas bolsas en un autobús abarrotado. Un enfermo, peregrinando por diferentes centros médicos. Son sus pensamientos los que los mantienen en esta sombría realidad. Mientras tanto, en ese momento hay quien disfruta de la vida: mar, yates, viajes, hoteles lujosos, restaurantes caros, todo lo que desea. En todos los casos se produce la constatación de un hecho independientemente de la naturaleza de la situación. «Así es como vivimos». Más bien, vivimos en función de cómo pensamos nuestra existencia. El espejo confirma y consolida cada vez más el contenido de nuestra imagen mental.

Y no tiene sentido traer a colación las típicas objeciones, alegando que las condiciones de partida son diferentes: hay quien nació pobre y hay quien heredó una gran fortuna. Sí, la situación inicial determina mucho, pero esto no significa que el «capital inicial» decida todo. Existen multitud de ejemplos en los que las personas de los estratos más bajos llegan a lo más alto de la sociedad y al revés. Tal vez esto sólo sean contadas excepciones que confirman la regla, tal vez, pero si las excepciones son posibles, entonces significa que la regla no es tan categórica. No importa lo profundo que sea el pozo en el que te encuentres, que sepas que todo se puede cambiar, incluso radicalmente. Y no es importante en absoluto si no tienes ni idea de cómo hacerlo. No tienes por qué conocer la salida exacta, ella misma se presentará. Te parece que estás bajo el poder de las circunstancias que son imposibles de cambiar. En realidad esto es una ilusión, una falsa apariencia que si quieres puedes fácilmente desmontar. En realidad, todos caminamos inconscientemente por un círculo vicioso: *observamos la realidad, expresamos nuestra actitud, el espejo refuerza el contenido de la actitud en la realidad.* Para trasformar la realidad, lo único que hay que hacer es salir de este círculo.

Digamos que miras la realidad circundante y te parece imposible cambiarla. Y esto es realmente así. Intentas manipular el reflejo con la intención interior pero eres incapaz de ejercer la más mínima influencia sobre él. Hay muy pocas oportunidades en este lado del espejo. Sin embargo, puedes controlar tu actitud hacia la realidad. En ese momento, la intención exterior te tomará bajo su control, y para ella no hay nada imposible. En el reverso del espejo hay gran cantidad de variantes de desarrollo de los acontecimientos que la mente humana que ni siquiera imagina.

Para crear el mecanismo de la intención exterior es necesario el cumplimento del quinto principio del espejo: *es necesario dirigir la atención desde el reflejo a la imagen*. En otras palabras, tienes que controlar tus pensamientos. *Pensar no en lo que no quieres y deseas evitar, sino en lo que quieres y anhelas conseguir.*

Pero volvamos de nuevo a la fórmula del círculo vicioso. Una persona literalmente se mueve por este *círculo del espejo* como un asno tras una zanahoria. Atado al espejo con su actitud, una reacción primitiva sobre la realidad, intenta ingenuamente atrapar el reflejo para cambiarlo. Tratemos ahora de invertir el círculo: *expresamos nuestra actitud, el espejo consolida los contenidos de nuestra actitud en la realidad, observamos la realidad.* ¿Qué obtenemos ahora?

La primitiva e indefensa constatación de nuestro reflejo cesa y en su lugar aparece la constatación de nuestra imagen, intencionada y orientada hacia un objetivo. En vez de expresar el habitual descontento al vernos en el espejo, le doy la espalda y empiezo a formular en pensamientos la imagen que deseo ver. Esto significa la salida del laberinto del espejo. El mundo se detiene y posteriormente viene a mi encuentro. Y yo ya no corro sino que me quedo en el sitio y es la realidad ahora la que se dirige hacia mí, y ya otro viento me sopla en el rostro, el viento de la intención exterior.

Hice todo lo contrario: dejé de perseguir inútilmente mi reflejo, le di libertad al mundo y permití que girara en correspondencia con mis pensamientos. El círculo del espejo se mantiene cerrado, pero no soy yo el que gira, sino que es él, movido por la intención exterior. Esta intención exterior vino a sustituir a la interior al rechazar yo los diferentes intentos de influir en el reflejo. Ahora sólo formulo de manera concreta en pensamientos la imagen deseada y el espejo dual plasma en la realidad el sector correspondiente del espacio de las variantes.

La única dificultad estriba en lo inusual de la situación. No es habitual que el elemento «observamos la realidad» esté situado al final del círculo. La persona está más acostumbrada a actuar según el principio de «lo que veo, sobre eso insisto». Envía al mundo su punto de vista y éste, como un eco, le devuelve sólo la esencia debilitada: «No quiero que llueva»/«Llueve, llueve…»; «No quiero estudiar»/«Estudia, estudia…»; «No quiero trabajar»/«Trabaja, trabaja…». Y como resultado se materializa en la realidad el *contenido purificado* de su actitud.

Nos podemos imaginar el siguiente monólogo del espejo, harto de toda esta confusión: «Te sientes mal. Vale, ¿qué necesitas para sentirte bien?».

«No quiero tal y cual». Bueno, ¿quizás finalmente te decidas a formular lo que quieres realmente?

No te gusta esto o lo otro, entonces, dime, querido amigo, ¿qué puedo hacer por ti?

Todo es muy sencillo. *La actitud negativa tiene que ser reemplazada por una actitud positiva.* Hay que hacer un inventariado de tus pensamientos y eliminar todos los «in» y «des» y «a». Insatisfacción, apatía, desagrado, desamor, desaprobación, incredulidad en el éxito, etc., meter toda esta basura en un saco y echarla en un contenedor. Tus pensamientos tienen que estar dirigidos a lo que quieres y te gusta. De esa manera, en el espejo se reflejará sólo lo agradable.

Hay que comprender que esta realidad favorable no se crea inmediatamente. Es necesario tener paciencia y concienciación. Ahora ya nada es como antes*: ya no reaccionas a la realidad circundante sino que tú diriges y envías intencionadamente al mundo tus pensamientos.* En vez de un reflejo eminentemente negativo, estás expresando una actitud positiva. Sí, digamos que esto es *algo poco común* pero ¿qué es mejor?: ¿estar bajo el poder de las circunstancias como todo el mundo o poder disponer libremente de tu propio destino?

El estado de ánimo de las personas se forma como reacción a las circunstancias establecidas, favorables o desfavorables. La tendencia al negativismo mantiene como norma tu estado de ánimo en un bajo nivel. Y hay que actuar de otra forma, crear intencionadamente nuestro estado de ánimo. El simple conocimiento de que yo puedo dirigir la realidad ya eleva nuestro ánimo. Con mi intención yo elijo los colores de mi realidad. Independientemente de las circunstancias me mentalizo para lo mejor. Lo hago conscientemente y no reacciono de manera primitiva a las molestias externas. Es necesario desarrollar este hábito. La diapositiva, musical o visual, la que más te guste, ayuda a crear un buen estado de ánimo. Lo ideal sería que fuera un dibujo en el que tu objetivo apareciese conseguido y te sientas fantásticamente.

Por otra parte, prepárate para que durante algún tiempo en tu estrato del mundo no se observe ningún cambio. O al contrario, que los problemas empiecen a surgir como a propósito. Bueno, ¿y qué? Todos estos inconvenientes temporales están relacionados con el «traslado» a un nuevo nivel de la actitud con la realidad. Tú sabes que el espejo actúa con retraso. No hay que dar el brazo a torcer a pesar de todo.

Mantén la calma durante esta pausa en la que nada ocurre. Debe acontecer literalmente como en un antiguo cuento de hadas: miras a tu alrededor y te quedas de piedra. «¡Sabe Dios lo que se está formando en el espejo! Pero yo sólo sé que no hay otra alternativa, tarde o temprano en él se reflejará la imagen que yo he creado en mis pensamientos. Si no cedo a la tentación de mirar hacia atrás y me mantengo firme en mis convicciones, en el espejo se formará mi imagen. Todo será como yo quiera».

Tu percepción del mundo debe ser como si ya hubieras conseguido todo lo que quieres o estuvieras a punto de hacerlo. Recuerda: en el espejo se materializa todo lo que contienen tus pensamientos. Así, por ejemplo, si no estás satisfecho con tu apariencia, te mirarás en el espejo con desaprobación. Toda tu atención está centrada en tus rasgos menos atractivos, que no te gustan y que tratas de constatar. Tienes que comprender que te reflejas en el espejo del mundo en consonancia con tu actitud hacia él.

Aplica una nueva regla, no mires al espejo sino asómate al espejo del mundo. Buscar lo bueno de uno mismo e ignorar lo malo, hacer pasar todo por este filtro. Concentra tu atención en lo que quieres recibir. ¿Qué has hecho hasta ahora? Se constata el hecho: «Soy gorda y fea. Y no me gusto así». Y el espejo lo único que hace es consolidar este hecho: «Sí, realmente así es». Ahora tienes ante ti una tarea diferente: buscar en ti mismo sólo aquellos rasgos que te gustan y simultáneamente imaginar en pensamientos la imagen deseada. Desde este momento en todo lo que hagas, busca y encontrarás la confirmación de todos los cambios positivos: *cada día mejor*. Si desarrollas esta técnica regularmente, apenas tendrás tiempo de quedarte boquiabierto del asombro.

Básicamente, hay que configurar primero la actitud y posteriormente mirarse en el espejo y no al revés. Por supuesto que es necesario un determinado tiempo para acostumbrarse. Pero vale la pena, puesto que ahora eres tú el que controla la realidad y no ella a ti. Con la inercia de la realización material, tu reflejo gradualmente adquirirá un aspecto positivo. Son tantas las cosas positivas que se acumulan en tu estrato del mundo que ahora ya no tienes que persuadirte a ti mismo para alegrarte. El círculo del espejo gira ligera y espontáneamente. Lo importante es moverlo del sitio y que coja velocidad junto con tu intención, y después todo irá sobre ruedas.

«¡Ya, hombre, ya! Esto no hay quien lo crea… –dirá un aburrido lector–. ¡Si todo fuera tan fácil…!». Bueno, si no lo quieres creer, entonces date la vuelta y buen viaje por el círculo del espejo, persiguiendo tu reflejo, quizás lo alcances. Pero *si no crees y quieres creer,* te puedo decir que para esto no es necesaria la fe. No hay que creer; simplemente aplica la técnica sugerida y tú mismo verás como sucede. Esto siempre resultará incomprensible para la mente común, puesto que el trabajo de la intención exterior es imperceptible. La mente nunca podrá aprehender, desde su punto de vista, de qué modo se puede cumplir un sueño irrealizable. Nunca creerá que esto pueda ser posible hasta que se encuentre cara a cara con tal hecho. Pues dejemos que la mente se dedique a elucubrar y tú mientras tanto haz lo que tengas que hacer.

«Bueno, parece que no funciona...», dirá el perezoso lector. Realmente, la técnica del espejo es demasiado sencilla para creer en su eficacia. Nos hemos acostumbrado a las soluciones difíciles de problemas complejos. La gente no cree que sus pensamientos puedan influir realmente en la realidad, no se lo toman en serio y, como consecuencia, no intentan probarlo. Ésta es la primera razón de la ausencia de resultados visibles. La segunda razón es la habitual incoherencia de la gente en sus acciones. Lo normal es que se entusiasmen fácilmente con alguna idea para luego simplemente olvidarla. Pero los milagros no existen. Hay que hacer un trabajo concreto, sólo que esta vez no con las manos sino con la cabeza. ¿Acaso puede el espejo, que actúa con demora, configurar tu reflejo si sólo te pones delante de él durante un momento e inmediatamente desapareces corriendo?

Una vez te has familiarizado con los principios básicos de los espejos, sólo tienes que llevarlos a la práctica. En realidad es sencillo. *Para que se fije la forma del pensamiento en la realidad material sólo tienes que reproducirlo sistemáticamente*. En otras palabras, tienes que mantener regularmente funcionando en tus pensamientos la diapositiva del objetivo. A diferencia de los sueños inútiles que ocurren de vez en cuando, éste es un trabajo concreto.

De tal forma, al haber tomado bajo tu control tus sentimientos, que te unen al reflejo, tú obtienes libertad del espejo. No hay que reprimir las emociones, son sólo consecuencia de tu actitud. Deberías cambiar la actitud en sí, la manera en cómo reaccionas y percibes la realidad. Al haber obtenido libertad, recibes la habilidad para configurar el reflejo que deseas. En otras palabras, *al controlar el trascurso de tus pensamientos, tú estás controlando la realidad*. El peor de los escenarios es cuando la realidad te controla a ti.

El control de la realidad se puede llevar a cabo con diferentes grados de fijación. El más fácil y simple es la amalgama. Ayuda a crear un fondo general de comodidad y bienestar que en muchos casos es suficiente. La realización de un sueño requiere todavía mucha paciencia y persistencia, pero todo el mundo puede usar la técnica del espejo en la medida de sus necesidades. En general, la confirmación de que el mundo es un reflejo de nuestras ideas no es algo nuevo. Esto parece que todo el mundo lo entiende, pero al mismo tiempo suena un poco ambiguo, indeterminado. Y esto es porque este tipo de conocimiento no se aplica mucho. ¿Qué deberías hacer y cómo? No tienes tiempo para dedicarte al renacimiento espiritual, para comprender los misteriosos poderes de la naturaleza y desarrollarlos por ti mismo.

Pero ahora tienes una técnica específica en tus manos. Sabes cómo funciona y qué deberías hacer. Hazlo. Deja de correr por el círculo del espejo y verás: el mundo empieza a moverse hacia ti.

La intención del creador

De esta manera, para obtener en el espejo del mundo la deseada realidad, hay que realizar una serie de acciones básicas: configurar intencionadamente en pensamientos la correspondiente imagen, sin prestar atención a la demora en el reflejo, y sólo echar una mirada buscando nuevas manifestaciones de la realidad emergente.

Sin embargo, aun siendo consciente del retraso, es muy difícil adaptarse a este extraño espejo. La convicción firmemente arraigada en uno es que la realidad o se somete inmediatamente igual que si tuviera un palo en una mano o si no, simplemente, no se deja manejar. Parecería que si el deseo no se cumple de inmediato, significa que simplemente no es posible: lo que no se puede, no se puede. Y a uno sólo le queda soñar y tratar la magia como algo ultramundano e inasequible.

Ya estamos acostumbrados a que la magia esté apartada de la realidad. El mundo de la fantasía está en algún sitio, lejos, en nuestra imaginación, y la vida real trascurre aquí, de ella no te libras y nada puedes cambiar. Los magos y videntes también viven en su propio mundo y nosotros, personas normales con problemas corrientes, nos atormentamos en esta gris realidad.

Pero en realidad, la magia no existe, sólo existe el conocimiento del espejo dual. Este conocimiento se encuentra en la superficie. Y es tan ingenuo y corriente que según los cánones no puede ser «mágico». Pero sin embargo, la lámpara de Aladino parecía una corriente y vieja lata y la copa del Grial no era de oro. Todas las grandes cosas (todo lo grande) es increíblemente sencillo, no hay necesidad de lucirse o esconderse. Sin embargo, todo lo vacío e inútil siempre se oculta bajo un manto de importancia y misterio.

La magia, privada de atributos especiales e integrada en la vida diaria, deja de relacionarse con la esfera de lo místico y enigmático. La magia pierde su enigmático hechizo puesto que se encuentra aquí, en la cotidianeidad. Pero toda la maravilla de esta trasformación consiste en el hecho de que la realidad cotidiana a su vez deja de hacer referencia a lo cotidiano y se trasforma en una realidad poco familiar que se puede controlar como si se estuviera en un sueño despierto. Y para esto sólo se necesita seguir los principios del espejo.

Supongamos que ya estás familiarizado con el Transurfing y sabes trabajar con la diapositiva del objetivo. Pero pasa el tiempo y no sucede nada. La sensación es como si hubieras enviado una carta y no recibieras respuesta alguna. La mente empieza a agitarse intranquilamente. ¿Estaré quizás haciendo algo incorrecto? ¿No será todo esto una tontería?

En realidad, el mundo no se detiene, hay un proceso de materialización del reflejo en el espejo. Simplemente, este proceso es imperceptible por lo que parece que no ocurre nada. En ese momento, los platillos de la balanza de la mente empiezan a oscilar entre el conocimiento de que el espejo reacciona con retraso y la antigua costumbre de observar una correlación casi inmediata entre una acción directa y su consiguiente resultado.

¿En qué piensa la mente si no hay resultado? En que la acción no es efectiva o es incorrecta. ¿Y qué refleja el espejo en tal caso? Cierto: *lo mismo*. De esta forma, el proceso se ralentiza o se desvía. Nos podemos imaginar por ejemplo el siguiente diálogo de la mente con el mundo:

—Quiero un juguete.

—*Por supuesto, cariño, lo que quieras.*

—¡Tú me lo prometiste!

—*Sí, claro. Tú preguntaste y te dije que ibas a tener un juguete. Creo que estabas muy feliz al saber que ibas a tenerlo.*

—Tú no me entendiste. Yo quiero el juguete ahora, inmediatamente.

—*Sí, yo lo entendí perfectamente: tú quieres el juguete ahora.*

—Y entonces, ¿dónde está el juguete?

—*¿Dónde está realmente?*

—Me parece que uno de nosotros es tonto.

—*Sin duda.*

—Maldita sea. Me he olvidado completamente de que tú eres sólo un tonto espejo. ¿De qué manera puedo dirigirme a ti? ¡Ah, sí!, me acuerdo: dame el juguete.

—*Vale, vale, cariño.*

—Entonces, ¿qué? ¿Vamos a buscarlo?

—*Por supuesto, cielo, ven a mis brazos.*

Y se disponen a ir a buscar el deseado regalo. Ahora sólo hay que armarse de paciencia y dedicar su tiempo a los alegres preparativos. El alma está feliz y la mente se frota las manos de satisfacción. ¿Por qué no estar contento si va con el mundo a buscar el juguete? El transurfer debe comprender: la elección hecha por él se convierte en ley irrevocable, que obligatoriamente debe ser cumplida. Y para esto es necesaria la fijación de la atención en el objetivo final. Pero la gente nunca está satisfecha.

—Oye, ¿a dónde vamos? ¿Cómo es que todavía no hemos encontrado la tienda de juguetes?

—*No te preocupes, cariño, pronto llegamos.*

—¿Y cuándo? Yo creo que nos hemos apartado de nuestra dirección.

—*¿Tú crees?*

—Sí, seguro, nos hemos perdido.

—*Como digas, querido, yo ya sabes que siempre estoy de acuerdo.*

—¡Espejo estúpido! Ya sabía que en ti no se podía confiar.

—*Sólo quería de camino pasar por el parque, para que de paso montaras en la noria...*

La gente se siente insegura si la llevan con los ojos vendados. Su mente no puede aceptar de ninguna manera que algo ocurre o los acontecimientos se desarrollan de una manera que no estaba planeada. La mente funciona como una máquina cibernética: si el algoritmo del trabajo se altera, se enciende una bombilla roja. La diferencia entre ellos reside sólo en que la mente crea por sí misma un programa-escenario, asumiendo ingenuamente que es capaz de calcular todos los movimientos de antemano. El primitivismo del así llamado «sentido común» consiste en crear no sólo un programa estereotipado de acciones, sino también insistir en él.

En el momento en el que se hace la elección, es decir, se establece un modelo-objetivo final, el espejo del mundo recibe el encargo y se dispone a realizarlo según un plan determinado.

Sólo el espejo sabe de qué forma se debe realizar el reflejo de la imagen, para la mente este camino resulta inescrutable. Pero luego cuando la mente observa que los acontecimientos empiezan a desarrollarse en un extraño escenario, empieza a alarmarse y la persona agarra el mundo por el cuello porque tiene que hacer algo. Piensa que no va a salir nada de esto y de esta forma él distorsiona la diapositiva del objetivo. Y además de todo esto, empieza a actuar para reafirmar su escenario impidiendo de nuevo la realización de un plan desconocido para él, un plan que realmente le llevará al éxito. En definitiva, no está dejando que las cosas se desarrollen con naturalidad y está interfiriendo activamente en el proceso.

De esta forma, una persona firmemente agarrada a su escenario –por donde cree que debe discurrir su camino al objetivo–, ella misma se impide realizar este objetivo. Pero esto no es todo. Con un deseo incontenible de recibir lo más pronto posible el juguete, imprime tal potencial excesivo que el espejo literalmente se dobla. ¿Y qué se puede esperar de un espejo distorsionado?

El deseo, como tal, también es necesario, pues sin él no hay ambición. Si a esto le añadimos la determinación de actuar, lograrás la intención de obtener tu objetivo. Pero si le sumas la duda a la realización de tu logro y además el miedo al fracaso, entonces lo que obtienes es ansiedad. Esto es exactamente lo mismo que la *importancia,* que hay que disminuir de manera consciente. El deseo en sí no crea un notable potencial excesivo; surge cuando agarras el mundo por el cuello con tus dudas y miedos.

La gente habitualmente razona de la siguiente manera: *yo quiero, pero temo que no salga nada o dudo que funcione.* Hallándose bajo el peso de la responsabilidad ante sí misma por el éxito o el fracaso, establece unas duras condiciones para sí y para el mundo. Como resultado tiene lugar una triple distorsión del espejo: quiero, temo, no permito. Un espejo distorsionado de tres caras.

Si piensas que la intención es una decidida disposición de *exigirle* al mundo lo que supuestamente te corresponde, entonces no recibirás nada. Y si le vas a *pedir* al mundo lo que quieres, de nuevo te quedarás con las manos vacías. Coge lo que necesites, hay que hacer el pedido y *permitirle* al mundo cumplirlo. Simplemente, tú no le dejas al mundo realizarlo porque *exiges, pides, temes y dudas.* El mundo en ese caso también exige algo, pide, teme y duda, es decir: es un fiel reflejo de tu actitud puesto que él es sólo un espejo.

Es necesario percibirlo. Suelta el mundo, permítele hacerse cómodo para ti ahora mismo. Esta sensación inestable, efímera, pasa rápidamente, pero tú debes atraparla. Imagínate por el momento algo increíble: el mundo hostil, problemático, difícil e incómodo, de repente se convierte en un mundo festivo y cómodo para ti. *Tú se lo estás permitiendo.* Eres tú quien decide.

La idea no es ser feliz por definición sino permitir a la felicidad entrar en tu vida. Somos felices en la medida en que nos permitimos la posibilidad de un éxito increíble. No hay que obligarse a ser feliz, sino permitirse tal lujo. Simplemente confía en el mundo, él sabe mejor cómo conseguir el objetivo y se encargará de todo. De todas formas, tú no te preocupas de qué forma un espejo normal logra de una manera tan sorprendente reproducir la imagen, ¿verdad? Cuando estás enfrente de él, piensa sólo en lo que quisieras ver en el reflejo. El espejo del mundo funciona impecablemente, sólo que con retraso.

Pero en caso de que no puedas convencerte de que realmente puedes confiar en el mundo, existen todavía dos principios más del espejo. Quizás para algunas personas es más fácil seguir las instrucciones. Pero antes de familiarizarse con el sexto y el séptimo principios, recordemos el quinto.

Supongamos que has identificado tu objetivo y has empezado a trabajar sistemáticamente con la diapositiva del objetivo. Eres consciente de que los resultados no pueden aparecer inmediatamente. Pero, no obstante, la mente empieza a agitarse ansiosamente: el tiempo pasa y no ocurre nada u ocurre lo contrario de lo que esperabas. En esos momentos, cuando las dudas te asaltan, activa tu conciencia. Has olvidado la regla: «Mira hacia atrás, te quedarás boquiabierto».

La atención debe estar fijada en el objetivo final, como si ya lo hubieras conseguido. El mundo se dirige a tu encuentro mientras tú estás concentrado en la imagen. No te conviene girarte para ver el reflejo en el espejo, donde sabe Dios qué estará pasando, tal vez nada, el mundo se detiene, y tú reanudas tu agotadora e infructífera carrera por el círculo del espejo.

Debes recordarle constantemente a tu mente que el espejo actúa con retraso y tiene una determinada pausa para conformar el reflejo, es decir, para trasformar la imagen en realidad. Durante la pausa, hay que mantenerse firme, creer en el éxito en condiciones, cuando parece que todo se va al garete. Lo que obtendrás dependerá de la audacia que demuestres para no dejarte llevar por el desaliento. Ésta es realmente la auténtica magia, desprovista de cualquier mágico atributo pero poseedora de una verdadera fuerza.

Girarse hacia el espejo, es decir, expresar tu actitud hacia lo que acontece, se debe hacer sólo para constatar el avance positivo y permitirse experimentar una agradable sorpresa. En otras palabras, tienes que tener los ojos muy abiertos hacia todo lo que testifique el movimiento del mundo en dirección al objetivo y totalmente cerrados a las manifestaciones negativas (e inevitables) que lo acompañan. Si tienes suficiente aguante «para no volverte y mirar», entonces, como norma, los resultados superan todas las expectativas. No sólo te darán un juguete, sino que también montarás en tiovivo y te ofrecerán un helado.

En un sentido muy general, la regla de interacción con el espejo puede ser formulada de la siguiente forma: *cuando se mira al espejo, no hay que mover el reflejo, sino la imagen misma, tu actitud y la dirección de tus pensamientos.* En otras palabras, «moverse uno mismo» y no intentar atrapar el reflejo, imitando a un gato que juega con su «doble» y que no comprende que es realmente él mismo. Una canción del famoso músico y filósofo Boris Grebenshchikov[2] dice «ella se mueve por sí misma... hasta lo máximo».

Al haber girado sobre tu eje, observas cómo el mundo empieza lentamente y con retraso a girar detrás de ti. No te apresures a agarrarlo para forzarlo a girar. En esto está la diferencia entre la *intención interior y exterior*. La intención interior te obliga a intentar manipular el reflejo, mientras que con la intención exterior dejas tranquilo el espejo y concentras tu atención en la imagen de tus pensamientos, poniendo de ese modo a tu disposición una fuerza real,

---

2. Cantante ruso de rock.

capaz de mover el mundo: «Mamá, ¿qué vamos a hacer cuando se mueva por sí misma?».[3]

El secreto de la fuerza reside en liberar el amarre. La mente humana ofrece una hostil acogida a la más mínima circunstancia no prevista y también a la más mínima desviación de su planeado escenario. A esto rápidamente sigue una reacción tan natural como primitiva, intentar corregir la situación, es decir, oponerse, negarse, mantenerse en sus trece, discutir, hacer movimientos bruscos, emprender algo activamente, etc. En definitiva, la mente se agarra al reflejo e intenta no dar su brazo a torcer.

Por supuesto que si la atención está centrada en el espejo, uno se hace la ilusión de que hay sólo que extender la mano y la realidad, que está aquí, ante nuestros ojos, se someterá inmediatamente. No caerá esa breva. El ingenuo gatito se deja engañar, jugando con un espejo común. Pero el ser humano, estando en un nivel superior de consciencia, también cae en la misma trampa. La única diferencia es que la ilusión del espejo dual es más refinada, nada más.

Así que tienes que sacar las manos del espejo y permitir al mundo *moverse*. En la mayoría de los casos no se exige en absoluto emprender acciones activas, es suficiente con seguir los acontecimientos de una manera suave y flexible. Como ya se dijo en el primer libro del Transurfing, si no se obstaculiza la corriente de las variantes, ésta dirige los acontecimientos por el mejor curso. La mente primitiva tiende a golpear el agua con las manos y remar contracorriente para defender sus ideas. Y a partir de ahora, para liberarse de la ilusión, hay que girar la intención de la mente, corta de miras, hacia el lado contrario, para que corrija dinámicamente su escenario, incluyendo también todo lo imprevisible. Semejante tarea no es muy usual para la mente, pero éste es el único medio que permite abandonar el rol de gatito.

---

3. Letra de una canción de Boris Grebenshchikov.

Y llegamos al sexto principio del espejo que señala lo siguiente: *dejar libre el amarre y permitir al mundo moverse por la corriente de las variantes*. La intención interior cambia su dirección en el sentido opuesto, lo que lleva a algo paradójico: al abandonar el control, tú lograrás el verdadero control sobre la situación.

Echa un vistazo a todo lo que te rodea con ojos de observador. Eres parte del reparto de la obra, pero al mismo tiempo actúas en la distancia, advirtiendo cualquier movimiento en el ámbito circundante. Si te ofrecen algo no te apresures a descartarlo. Si recibes un consejo trata de reflexionar sobre él un momento. Escucha una opinión diferente, no te lances a rebatirla. ¿Crees que alguien está haciendo algo incorrecto? Pues déjalo. Las circunstancias han cambiado: no hay que alarmarse, intenta aceptar los cambios. Para cualquier cosa que hagas, elige el camino más sencillo. Si estás ante una elección, elige la opción que te resulte más fácil.

Esto no significa que tengas que estar de acuerdo con todo. Una cosa es cerrar los ojos y dejarse llevar por la corriente y otra muy diferente moverse consciente e intencionadamente por la corriente. Tú mismo sabes cuándo hay que tirar de las riendas y cuando conscientemente hay que aflojar. Dale libertad al mundo y observa su movimiento. Obsérvalo como un sabio preceptor que deja a su pupilo libertad de elección, y empújalo sólo ocasionalmente en la dirección apropiada. Verás como el mundo empieza a girar a tu alrededor.

Ha llegado el momento de familiarizarnos con el último principio del espejo, el más importante y poderoso. Junto con una perfecta capacidad de reflejo, el espejo tiene otra particularidad: el lado derecho se convierte en izquierdo mientras el espacio que se desplazaba en la lejanía, en realidad, se mueve en sentido contrario. La gente ya hace tiempo que se ha acostumbrado a esta peculiaridad del espejo y ha aprendido a hacer en su mente la trasformación de la ilusión en realidad. Pero la mente hasta hoy día no sabe manejar la ilusión del espejo dual.

El problema estriba en la tendencia del ser humano a ver en lo bueno lo malo, en trasformar lo positivo en negativo, y en interpretar lo que es bueno para nosotros como una fatalidad. En realidad, el mundo no tiene predisposición a urdir intrigas contra sus habitantes. Los problemas no constituyen la norma porque en ellos se dispersa mucha energía. Y la naturaleza no gasta su energía en vano. El flujo de las variantes trascurre por el camino que ofrece menos resistencia. Se puede decir que sigue el camino de la *feliz concurrencia de circunstancias*. Es la propia gente la que crea la mayor parte de los problemas cuando bate sus manos contra el agua y rema contracorriente. Pero lo crucial es que la tendencia al negativismo genera la correspondiente imagen que el espejo manifiesta en la realidad.

Recuerda: el espejo lo único que hace es reflejar fielmente tu actitud hacia la realidad. Por muy lúgubre que nos parezca el reflejo, todavía será peor si lo tratas de manera tan negativa. De la misma forma que lo negativo se trasforma en positivo si así lo declaras con tu voluntad. Cualquier circunstancia o acontecimiento encierra en sí tanto un potencial indeseado como útil para ti. Manifestando tu actitud en esta disyuntiva, determinarás el posterior trascurso de los acontecimientos en una dirección afortunada o no.

Ante cualquier circunstancia, incluso la menos favorable, siempre terminarás beneficiándote si cumples el *séptimo* principio del espejo: *percibe cualquier reflejo como positivo*. No importa lo que ocurra, tú no puedes saber con exactitud si esto es bueno o malo para ti. Elige lo que mejor te convenga.

Además, cuando todo se conforma favorablemente, es necesario no aceptarlo de manera indiferente como algo natural, sino con alegría centrando la atención en el hecho de que todo va fenomenalmente. No importa lo que ocurra, *todo va como debe ir*. Esto no es otra cosa que el conocido *principio de la coordinación de la intención*, su funcionamiento se describe detalladamente en el primer libro del Transurfing.

Así, por ejemplo, tú te enfrentas a un problema. En su disyuntiva tú eres el único que puede denominarlo fácil o difícil. La tendencia al negativismo y el hastío de una vida difícil nos hace doblegarnos ante el problema y constatar con pesimismo: «Uf, ¡qué difícil! Una tarea muy complicada». Y el mundo inmediatamente lo acepta: «Como quieras, querido».

El mundo siempre está de acuerdo. Y ya que esto es así, haz lo contrario, dite a ti mismo: *todo se soluciona de una manera muy sencilla*. Aunque sea difícil, llámalo fácil; que esto se constituya como postulado. Ya que en esencia lo que hace difícil el problema es un pequeño detalle: las circunstancias que lo rodean. Así que que sea tu actitud la que determine este pequeño detalle. Y el mundo de nuevo estará de acuerdo con todo. *Ocurra lo que ocurra.*

«¿Todo va fatal? ¡Qué va! –dite a ti mismo– ¡Todo es simplemente maravilloso!».

Y con aspecto de idiota, o así podría parecerle a una persona «razonable», frótate las manos satisfactoriamente («¡Sí, muy bien!»), o toca las palmas o salta de alegría. Y en un plazo muy breve descubrirás que, realmente, la circunstancia que parecía desafortunada juega a tu favor. Esta cualidad del espejo siempre actúa de manera tan inesperada y sorprendente que uno no se puede acostumbrar a ello. Cada vez que una derrota empieza a convertirse en victoria ante tus ojos, experimentarás un entusiasmo no comparable con nada y querrás exclamar: «¡No, esto es imposible! ¡Debe de haber algo de magia!».

Y es que anteriormente, desde el punto de vista del «sentido común», tú razonabas de una manera diferente, y eso es lo que hacía que recibieras a gran escala todas las dificultades y privaciones de la vida. Desde este momento, cada vez que te encuentres con un problema o contratiempo, recuerda que el mundo en cualquier caso siempre aceptará tu actitud hacia lo ocurrido: «Como quieras, querido».

¿Puedes imaginarte lo que de ahora en adelante tienes? Ya no tendrás necesidad de esperar a que el Pájaro Azul se digne a venir a visitarte, o a que la Rueda de la Fortuna gire en la dirección correcta. *Tú eres el dueño de tu suerte.* Con tu voluntad declaras cualquier acontecimiento o circunstancia favorable, jugando a tu favor.

Esto no es simplemente esperanza en la buena voluntad del mundo que cuida de ti porque te quiere. El mundo es un espejo desapasionado y si se preocupa por ti es sólo porque tú así lo «ves». Esto no es confianza que las circunstancias puedan tambalear en cualquier momento. Esto no es confianza en uno mismo basada en una fe ciega en el éxito. Y no es tampoco optimismo como rasgo de carácter. Esto es la intención del Creador. Tú mismo formulas el estrato de tu mundo, creas tu realidad.

Tú eres el Creador de tu realidad, si sabes cómo «moverte», dando igualmente libertad al mundo para que se mueva. Moverse significa seguir los tres últimos principios del espejo. El Creador no es tanto un agente activo como un observador. No someter, sino *permitir*. Así es como tu voluntad es diferente.

Ahora sabes cómo tratar a este sorprendente espejo dual. Ya no tienes nada que temer en un mundo que los demás consideran hostil, problemático e intratable. Es tuyo. Cógelo de la mano y dite a ti mismo: «Mi mundo y yo vamos a buscar el juguete».

La liga de los espejeros

Podría parecer que la cuestión del destino en el Transurfing está clara, puede ser libre en virtud del espacio de las variantes y puede ser controlado siguiendo los principios del espejo dual. Y no obstante, hay que prestarle un poco de atención a esta cuestión.

Aquí las opiniones difieren. Unos consideran que el destino está en manos de su propietario. Otros creen que está predeterminado. Hay unos terceros que van todavía más lejos, considerando el destino como suerte o fatalidad, enviado al ser humano desde arriba y condicionado por sus acciones en sus vidas anteriores. ¿Qué punto de vista se considera más próximo a la realidad?

Los tres. Todas estas posiciones son correctas e incluso igualmente ciertas. ¿Y puede ser de otra forma en un mundo que es un espejo? Quien se ponga delante de él obtendrá la confirmación de la imagen de sus pensamientos. No tiene sentido preguntarle al espejo si uno está destinado a ver el reflejo triste o alegre de su rostro. Por un lado, allí se refleja lo que hay y por otro, según desee verme yo, así me veré. Por eso, la cuestión del destino es una cuestión de elección: elegir un destino predeterminado o preferir uno libre. Todo depende de tu convicción, lo que elijas es lo que obtendrás.

Si la persona está convencida de que el destino es algo predeterminado y que no se puede librar de él entonces realmente se realizará el escenario predeterminado. Indudablemente, en el espacio de las variantes existe una corriente separada por la que se mueve el pequeño barco de la vida si lo dejan ir a la deriva. El «condenado», regodeándose en su infantilismo, reverentemente alza su cabeza a los cielos, de donde caen como piñas «golpes del destino»: «¡Oh, fuerza de la Providencia! ¡Oh, mano del Destino!». Pero el hecho es que no hay nada «escrito en su destino» pero sí estampando en su frente: Tú, tonto, simplemente estás en poder de un sueño inconsciente y bastante absurdo al que tú mismo te has condenado.

Pero cuando la persona coge el control en sus propias manos, la vida deja de depender de las circunstancias. El pequeño barco puede ser dirigido a cualquier otra parte del «destino» al que supuestamente estaba predeterminado. Todo es muy sencillo, la vida es como un río. Si eres tú el que rema, entonces tienes la posibilidad de elegir el rumbo, pero si simplemente sigues la corriente, entonces te verás obligado a nadar en el curso de la corriente dentro de la que te encuentras. ¿Quieres karma? Tendrás karma. Cuando piensas que tu suerte depende de circunstancias inexorables o errores cometidos en tus vidas anteriores, entonces realizarás de igual modo la correspondiente variante. Pues tu voluntad eres tú, eres hijo de Dios, y si tú deseas ser el Creador, también está en tu poder. El espejo dual está dispuesto a todo. La única duda es si sabes manejarlo.

En la estructura del modelo de Transurfing todo esto es bastante evidente. El único enigma incomprensible es el espacio de las variantes. ¿Quién «colocó» allí todo lo que contiene? ¿De dónde procede? y ¿para qué? ¿Y qué había antes de haber colocado todo esto?

Lo digo honestamente: *no lo sé*. Puedo sólo adelantar una hipótesis: nadie «creó» el espacio de las variantes, ha existido siempre. La mente humana está configurada de tal forma que le parece que *todo* lo que hay en el mundo haya sido creado por alguien o por algo y que también tiene su principio y fin. Pero por lo que se ve, *no todo*. Me temo que incluso si elevamos la conciencia humana en tanto en cuanto supera a la de una ostra, tampoco esto es suficiente para comprender semejantes cosas. Hay cuestiones en este mundo que están más allá de los límites de las posibilidades de la razón, porque la mente es sólo un aparato lógico aunque posee la capacidad de pensar abstractamente.

Así, el nivel de mi pensamiento abstracto me permite sólo construir un primitivo modelo matemático. Si se dirige el nivel de conciencia condicionado de alguien hacia el infinitivo, donde su nivel de conciencia se convierte en un punto, entonces la cuestión planteada conduce a lo siguiente: «¿Por qué se me permite a mí, un punto, ocupar cualquiera de las posibles posiciones en el plano de coordenadas? ¿Quién creó la red de coordenadas? ¿Quién la necesita? ¿Y qué había hasta ese momento?... Incomprensible...». Y si al punto se le dice que junto con el plano existe un espacio tridimensional y n-dimensional, entonces «se volverá loco».

Es más fácil creer que el destino está predeterminado por unas fuerzas superiores y también que se le puede «calcular» y predecir, más que creer en la existencia de un espacio de las variantes inconcebible en el que hay absolutamente de todo. En cualquier caso, vivir en la incertidumbre es difícil para la gente, aspiran a recibir aunque sea un indicio de cómo les va a ir el futuro, y es ahí donde aparecen astrólogos, adivinos, hierofantes. Y surge aquí, de nuevo, una cuestión fundamental de elección. ¿Cuál es mi intención: saber lo que me espera o crear lo que yo quiero?

Si se elige una postura pasiva, entonces sólo queda dirigirse a quien tiene la audacia de declarar que conoce el «Libro de los destinos». Y ¿es esto posible? ¿Es alguien capaz de predecir o «calcular» el futuro? Sin duda. Además, esto es posible precisamente en virtud de la existencia del espacio de las variantes. Si no, ¿de dónde puede obtener el vidente los fragmentos del pasado y del futuro?

Indiscutiblemente, los acontecimientos no pueden desarrollarse de una forma arbitraria. Los sectores en el espacio de las variantes están conectados en cadenas de relaciones de causa-efecto, las líneas de la vida están sometidas a ciertas leyes. Y, ¿cómo se pueden evaluar tales leyes? Evidentemente, observando varios signos y manifestaciones externas, que podrían ser las posiciones de cuerpos celestes, sueños, combinaciones de cartas e incluso los posos del café. No existen las casualidades. La idea del azar es sólo una forma especial de experimentar un efecto cuando no hay disponible información detallada de las causas.

Pero, de nuevo, es en virtud de la existencia del espacio de las variantes –este depósito de películas sobre el pasado y el futuro– que los pronósticos no se confirman siempre, ni mucho menos. La cantidad de variantes es infinita, así que no hay ninguna garantía de que «se haya cogido de la estantería la misma película» que estaba destinada a «ponerse en el proyector». Sólo se puede hablar de una fracción de probabilidad.

Uno de los videntes más «precisos» fue la búlgara Vangelia Dimitrova, conocida mundialmente como Vanga. Tras perder la vista en su infancia, adquirió el don de «ver» en el espacio de las variantes. Pero incluso con sus cualidades extraordinarias, «el porcentaje de acierto», tanto para el pasado como para el futuro, oscilaba entre un 70 y un 80 por 100.

Las profecías son también distorsionadas por la percepción de los mismos videntes, y su posterior interpretación. *Las Centurias* de

Nostradamus se interpretan hasta hoy día de las más variadas formas. En las predicciones, a menudo, la gente trata de ver cosas que no hay y por otra parte, no perciben lo que hay. Cuando Vanga predijo que el «Kursk se iría bajo el agua»[4] nadie comprendió nada. Ya que de Kursk al mar hay una gran distancia. Pero cuando se hundió el submarino de nombre homónimo a la ciudad, probablemente al que supiera de la existencia de esta profecía se le habría puesto la piel de gallina.

Y si de todas formas podemos hablar de la probabilidad de que el profeta verá «ese mismo» sector del espacio de las variantes, entonces, ¿por qué el grado de acierto resulta ser tan alto? Porque la predicción grabada en la memoria de la persona se convierte en su intención, quiera o no quiera.

La actitud de la gente hacia todas las posibles interpretaciones y horóscopos es especial, un balance de fe e incredulidad. Por un lado, un individuo no tiene tendencia a confiar totalmente en tales cosas, y por otro, en algún lugar en lo más profundo de su subconsciente se aloja el pensamiento: ¿y si ocurre? Cuando se trata de interpretar la importancia es mínima: puede llevarse a cabo o no. Es un tipo de juego que se realiza en broma y en serio al mismo tiempo. Como resultado surge una unidad latente del alma y la mente. En tales circunstancias surge una imagen efímera pero precisa que el espejo del mundo materializa de buen grado en la realidad.

La misma persona involuntariamente realiza lo que le ha sido predicho, es por lo que la probabilidad de que la predicción se cumpla es mayor que la media.

De la biografía de la misma Vanga se obtiene la impresión de que incluso cuando jugaba de niña estaba intencionadamente programando su futuro destino. Su actividad favorita era «curar» a los niños vecinos, «a sus pacientes». Además sabía contar historias inventadas

---

4. Kursk es el nombre de una ciudad rusa y también de un submarino nuclear.

por ella que todos escuchaban como hechizados. Además, Vanga se aficionó a un extraño juego: escondía algo en un lugar apartado y después empezaba a buscar este objeto a ciegas, andando a tientas. Como se puede ver, las situaciones creadas por sus imágenes eran tan precisas que el espejo del mundo las representaba en la realidad con todo lujo de detalles. Vanga se hizo curandera y vidente y perdió la vista debido a un accidente. A la edad de doce años, fue arrastrada por un huracán. La niña fue encontrada en un campo cubierta de arena.

Hay que señalar que Vanga estaba convencida de que uno no se libra de su destino, no importa el esfuerzo que uno haga, de todas formas no se puede cambiar lo que está predestinado. Obteniendo visiones de accidentes que pueden ocurrir en el futuro, ella intentaba a menudo evitar el peligro, pero no podía. Hubo casos en los que, sabiendo que a alguien le acechaba la muerte, Vanga trataba de disuadirlo de hacer un viaje o le rogaba que abandonara algún sitio. Pero eso no ayudaba tampoco, la gente no la escuchaba. Parece haber aquí una contradicción con el Transurfing, y ¿no estará a pesar de todo el destino predeterminado?

En realidad, no hay ninguna contradicción. Una persona no es capaz de influir significativamente con su intención en la vida del otro. Una persona tiene la facultad de configurar sólo el estrato de su mundo. Incluso cuando desde fuera parece que una influyente personalidad política rige los destinos de pueblos enteros, en realidad, lo que está haciendo es ejercer únicamente la voluntad de la estructura que lo creó a él.

Todo el mundo puede controlar su propio destino, pero sólo bajo la condición de que coja el timón en sus manos. Todo depende de qué posición ocupa la persona: activa o pasiva. Uno puede vivir la vida tal cual es, leyendo horóscopos y aceptando el destino como si fuera otorgado desde arriba. Pero, por otro lado, si uno se pone a ello con todo el fervor de una mente atolondrada, puede crearse tal destino para sí mismo, Dios nos libre. Por eso, entendemos por posición activa *la intención de dirigir el trascurso de nuestros pensa-*

mientos en correspondencia con los principios del espejo y no el saber chapotear en el agua con las manos y remar contracorriente.

Tal posición te da un poder real sobre tu destino. Los servicios ofrecidos por los adivinos ya no tendrán ningún sentido. No quiero decir que todas sus predicciones sean falsas. No, los pronósticos individuales a menudo se confirman, *pero* sólo los necesita la gente que ha elegido vivir una vida como un sueño inconsciente y, por cierto, ese tipo de personas son siempre la inmensa mayoría. Si intentas convertir tu vida en un sueño consciente que puedas controlar, entonces los servicios de los *espejeros* no tienen realmente para ti ningún sentido.

¿Y qué son los astrólogos, los hierofantes y los adivinos si no espejeros? Al fin y al cabo, ellos no sólo proporcionan un pronóstico inofensivo sino un sucedáneo de tu destino, un pequeño trozo de espejo en el cual tú estarás obligado a mirarte. ¿Y de qué otra forma puede ser? No importa si tomas en serio el pronóstico o no, eso no significa nada, tú lo has aceptado y se alojará en tu subconsciente, programando tu futuro destino. Incluso si nos olvidamos del dinero, ¿crees que puedes recibir un trozo del futuro simplemente porque sí? Uno no puede asomarse al Libro del Destino sin consecuencias. Y el precio por esta mercancía es siempre la misma: *tienes que llevarlo contigo y aceptarlo como una parte de tu vida, quieras o no.*

Tal precio puede resultar fatídico. Y podemos decir que la culpa, o digamos más bien la responsabilidad, no recae en quien vendió el destino como mercancía sino en quien compró la mercancía. Al interesarte por el pronóstico, tú adquieres el espejo y le preguntas al espejero si te está permitido sonreírle al espejo. Pero tú ya tienes un espejo, el estrato de tu mundo, con el que puedes crear todo lo que quieras. Con mi espejo, yo soy libre: si quiero puedo trasformar cualquier fracaso en victoria con mi fuerza de Creador, y así será. Y pasar ampliamente de los pronósticos.

Y si no tienes deseo de ser el Creador de tu realidad, puedes utilizar con éxito los servicios de los espejeros, es también una elección y una forma de existencia. Mejor dicho, una forma de moverse seguro por el curso del destino. Los pronósticos, en este caso, pueden actuar como señales que advierten de posibles problemas, así como de las posibilidades de infundirte esperanza en el éxito. En este sentido, los espejeros realizan una función muy útil. Pero no todos. Los más perjudiciales son los que predicen acontecimientos globales. Al predecir las futuras catástrofes y los «fines del mundo», organizan los pensamientos de grandes grupos de personas en una dirección destructiva o, en otras palabras, programan la consciencia colectiva. Y esto tiene una consecuencia.

Lo que es interesante es que los científicos también pertenecen a la liga de los espejeros, aunque no ejercen una influencia directa sobre el destino de las personas. Durante toda la historia de la humanidad, todos esos científicos se dedicaron a intentar explicarnos cómo está construido el mundo. Hace mucho tiempo la Tierra era plana y descansaba sobre el lomo de tres ballenas, elefantes, una tortuga y algo más. Las estrellas en tiempos remotos giraban alrededor de la Tierra. Han pasado muchos miles de años desde entonces, algunas cosas se han esclarecido, pero el proceso de prueba de nuevos modelos continúa hasta hoy día. La física cuántica sustituye a la física clásica. Los objetos del micromundo al principio se reconocen como partículas. Posteriormente, resulta que éstas son más bien ondas, que están dispuestas a ser partículas de vez en cuando. Luego aparece otra teoría que proclama que estos objetos intangibles no son ondas ni partículas, sino cuerdas en una décima dimensión espacial. El mundo, que se encuentra en el probador, adquiere este modelo también. Pero, no obstante, todavía hay cosas que no están claras, algo falla. Los científicos están obligados a añadir una medida más, la undécima dimensión, y como resultado de ello surge una supernova M-teoría, en la cual la cuerda se convierte en membrana. ¿Divertido, verdad? ¿Y qué es lo siguiente?

Parece que este proceso continuará hasta el infinito. Siguiendo el modelo de turno aparecerán muchos otros. Si te sitúas delante de un espejo manteniendo en las manos otro espejo, entonces entenderás por qué el mundo tiene una infinita cantidad de modelos. En el espejo ante ti, te ves a ti mismo con el espejo, en el cual se refleja el espejo, en el cual... ¿entiendes?

Lo más probable es que no haya respuesta a la pregunta de cómo funciona el mundo. En los límites de la comprensión de la mente humana, si uno se eleva a la cumbre más alta de las determinaciones, el mundo *no representa nada*. Es simplemente el espejo de nuestras ideas. Lo que pensemos de él, eso es lo que obtendremos. Lo único que se puede confirmar con seguridad es que la realidad es multifacética y podemos constatar algunas de sus leyes.

El proceso de investigación de la estructura del mundo es parecido al ejemplo arriba mencionado. Cuando una de las manifestaciones de la realidad se usa como base, se obtiene una versión particular, un trozo de espejo. Cuando nos ponemos delante del espejo principal del mundo, vemos en el reflejo un nuevo aspecto. Cuando cogemos una de las manifestaciones de este aspecto, recibimos de nuevo una versión separada de la realidad. Y de nuevo, del espejito de turno surge uno nuevo, siendo reflejado en la imagen del espejo anterior.

Entonces, ¿cómo es realmente el mundo? Trata de imaginarlo (si puedes) usando el ejemplo de dos espejos idénticos que han sido colocados uno cerca del otro. Ambos espejos reflejan el espejo que está enfrente. En los dos espejos la nada se refleja un número infinito de veces. La negra infinidad de imágenes en la cual *nada* se refleja de *nada*. La imagen recibida ¿se somete a alguna descripción, dentro de los límites de los conceptos que nuestra mente tiene a su disposición? Difícilmente.

Como conclusión, sólo queda añadir que los péndulos de los espejeros en ningún caso velan por tu destino, lo único que hacen es perseguir sus intereses, necesitan un continuo suministro de «clientes». Cada día, la gente necesita saber qué le depara el mañana, y por eso van constantemente a los «bien informados», contribuyendo con su energía y obteniendo un sucedáneo a cambio: un trozo de destino fabricado. Si la atención de la persona ha sido atrapada por el nudo del péndulo del comerciante del destino, entonces uno no puede sentirse seguro hasta que lea otro horóscopo o averigüe qué ha significado el sueño de la noche anterior. Surge un tipo de adicción, una dependencia. La dosis exige mantener constantemente la ilusión de la confianza en el futuro. Y mientras, los péndulos se balancean y progresan.

El Transurfing no necesita este tipo de suministro: descubre los principios y vete a pasear cuanto quieras. El conocimiento en sí no es un péndulo, surge sólo en caso de que surja la correspondiente estructura. De nuevo, el Transurfing no explica cómo funciona el mundo sino que propone un modelo utilitario, que permite comprender por qué es posible el control de la realidad y cómo se hace esto. Justo de la misma forma que es posible conducir un automóvil sin tener idea de cómo funciona. La misión del Transurfing consiste en entregar a la gente «el carné de conducir».

Los espejeros están tratando de convencer al punto de que debe moverse estrictamente a lo largo de una línea determinada en la función gráfica, no puede ser de otra forma. Y esto es realmente es así, pero sólo en el caso de que el punto acepte tales condiciones. La realidad existe independientemente de ti, siempre que tú lo apruebes. No puedes cambiar el mundo, pero sí hay un estrato de este mundo *está* a tu disposición. Y para hacerlo no tienes que cambiar, es suficiente con usar tu derecho de Creador.

Por eso tienes un espejo dual, algo así como un genio que le cumple todos tus deseos. Esto ya no es un cuento, sino la realidad que hasta hoy día posiblemente se escondió de ti bajo el manto de lo común. A diferencia del genio que conocemos de los cuentos de hadas, al genio del espejo no se le puede ordenar nada. No tiene sentido suplicarle ni tampoco buscar compasión en él. Pero en el momento que tú declares tu intención, el espejo mágico aceptará de buena gana: «De acuerdo, querido». *Tú eres el verdadero Creador de tu destino si así te lo propones.* ¡No entregues tu destino a los espejeros!

Resumen

- Principios de los espejos:
  - *El mundo es como un espejo, refleja tu actitud hacia él.*
  - *El reflejo adquiere forma en la unidad del alma y la mente.*
  - *El espejo dual reacciona con retraso.*
  - *El espejo constata la actitud de la persona e ignora su dirección.*
  - *Piensa no en lo que no quieres, sino en lo que deseas lograr.*
  - *Suelta el amarre y permite al mundo moverse por la corriente de las variantes.*
  - *Percibe cualquier reflejo como positivo.*
  - *Al controlar el trascurso de tus pensamientos, tú controlas la realidad.*
  - *Constata la fórmula de la amalgama siempre que sea posible.*
  - *No es el reflejo lo que hay que mover sino la imagen original, tu actitud y la dirección de tus pensamientos.*
  - *La atención debe estar focalizada en el objetivo final como si ya hubiera sido alcanzado.*
  - *Para materializar la diapositiva es necesario hacerla girar en tu mente por un período bastante largo de tiempo.*
  - *No deberías reprimir tus emociones, en vez de ello, tienes que cambiar tu actitud.*

CAPÍTULO II

EL CANCERBERO DE LA ETERNIDAD

Mi mundo y yo vamos a buscar un juguete

La energía de la intención

En el capítulo anterior nos hemos familiarizado con los principios del control de la realidad. Ahora vamos a hablar de técnicas específicas. La primera e imprescindible condición, sin la cual el Transurfing resulta imposible, es tener un nivel bastante alto de energía.

Hay dos tipos de energía: energía *fisiológica* y energía *libre*. La primera se percibe como una fuerza cálida y física, se produce como consecuencia del metabolismo. Para mantener la energía física a niveles adecuados es necesario alimentarse adecuadamente, descansar y hacer actividades al aire libre.

La energía libre viene del espacio cósmico, fluye a lo largo de los *canales energéticos* y se manifiesta como vigor o vitalidad. Ésta es, realmente, *la energía de la intención,* gracias a la cual la persona se siente capaz de llevar a cabo actividades enérgicas y decisivas. Si uno va tirando día a día y las fuerzas llegan sólo para realizar las actividades rutinarias y, lo que es más importante, no se desea nada, entonces esto testifica la existencia de un nivel excesivamente bajo de energía.

Se puede decir que la energía libre y la energía vital son lo mismo. Durante la juventud esta energía de la intención está en su apogeo. Imagínate a una viejecita con aspecto enfermizo: renqueando, gimiendo, moviéndose con mucha dificultad. Y, de repente, se pone a correr, hace movimientos elásticos, da grandes saltos y lanza un grito victorioso, «¡Sí!», agitando sus manos al aire con un movimiento brusco. Esto parece increíble pero es precisamente lo que quiere hacer la anciana si mantiene su energía a un nivel adecuado.

¿Por qué las personas hacen sus mejores creaciones en la primera en o en la tercera parte de su vida? Todo tiene que ver con la energía de la intención. Si ésta se mantiene a un nivel adecuado, entonces en cualquier momento de la vida se pueden crear obras de arte.

La energía vital y creativa se atrofia cuando la persona deja de aspirar a algo. Hay gente que mira el mundo con una mirada indiferente. Todo lo saben, han experimentado todo y parece que les gusta este sentimiento de saciedad. Para ellos, este mundo es como un campo totalmente trillado donde ya nada puede sorprenderlos. Aleccionan a los demás con una voz indiferente y cansina, demostrando que son sabedores de todo. Este tipo de gente envejece muy pronto. Mira siempre el mundo con los ojos totalmente abiertos y obtendrás más energía, ésa es la cualidad de esta energía.

Si la persona deja de sorprenderse y de aspirar a nuevos objetivos, entonces no sólo se detiene en su desarrollo sino que se degrada, o lo que es lo mismo, envejece. La vida es un proceso en el cual no puede haber paradas. O hay movimiento hacia delante o hacia atrás. Un estado con parada donde las cosas permanecen inmóviles no existe en la naturaleza. Incluso las rocas trasforman su apariencia. Para activar la energía de la intención, es necesario «engancharla» a un objetivo.

La energía se propaga cuando uno está orientado a realizar una acción activa. Se obtiene un bucle retroalimentado: la acción activa genera la intención, la intención despierta la fuerza vital. Si estás sentado y no quieres hacer nada, haz cualquier cosa y de esa manera aparecerá la energía. A veces es necesario un empujón inicial para movernos del sitio. Puede parecer que uno tiene poca energía y que hay que extraerla de algún lado, sin embargo no es así. En realidad, tú tienes energía a raudales. Al fin y al cabo la energía viene del espacio, y tú puedes coger la que seas capaz de llevar. Lo que ocurre es que ya has cogido toda la que has podido. Esta energía no ha desaparecido, simplemente es que ya ha sido puesta toda en circulación. Toda esta potencia titánica se dispersa en mantener pesos de dos tipos. El primero son las obligaciones y las limitaciones con las que tú mismo te has sobrecargado. Imagínate la siguiente escena. Has adquirido la obligación de hacer algo y sobre ti recae inmediatamente una pesada carga. Estableces condiciones, otra carga más. Te has prometido algo a ti mismo o a alguien, la siguiente carga. ¿Cuántos pesos te has echado al cuello? Mientras no sean demasiados uno puede mantener su vida normal. Pero puede llegar el momento en el que el peso ya no se pueda levantar. Entonces se produce el colapso: acorralado en un rincón, la persona empieza a enfermar, cae en una depresión o le sucede una desgracia. Empieza a mirar el mundo con tensión, desconfianza y temor. Y como resultado, la realidad, al ser el reflejo de sus pensamientos adquiere cada vez más un tono más sombrío, empieza la mala racha que puede durar mucho tiempo.

Los potenciales excesivos vienen en segundo lugar. Al darle demasiada importancia a diferentes cosas, tú te sometes a una carga insufrible. Es una montaña entera de fardos. Un sentimiento de inferioridad: tengo que ser «guay», defender y reafirmar mi valía. Un sentimiento de culpa, de responsabilidad: estoy obligado a pagar mi deuda, cumplir mi deber. Exagero la dificultad de los problemas: tengo mucho trabajo que hacer. Las dudas y las preocupaciones oprimen también constantemente.

Mucha gente va así por la vida, cargados con todo tipo de obligaciones, trabajos inconclusos, duras condiciones, con planes programados y multitud de objetivos. Los objetivos activan la energía de la intención pero sólo si se llevan a cabo y no quedan en un simple proyecto. No hay nada más fácil que planificar un proyecto, poner condiciones y hacer promesas. Sólo hay que ser consciente de que al aceptar una obligación, por muy pequeña que sea, se adquiere también una carga que nos extrae parte de la energía de la intención. Con este peso tendrás que avanzar.

Y además de todo lo arriba mencionado, una de las principales causas para tener un débil nivel energético es la trivial acumulación de toxinas en el organismo. Todo es muy sencillo. Los canales energéticos se estrechan, como en una vieja tubería cubierta de lodo, y como resultado de ello, la energía se convierte en un fino chorro. De ahí el déficit de energía libre causante de los demás problemas. Esto implica una mala forma física, una baja creatividad y enfermedades y todas las consecuencias asociadas a ello.

Resulta que de toda la energía que pasa con dificultad a través de los estrechos canales energéticos, la inmensa mayoría va al mantenimiento de una guirnalda entera de cargas inútiles. La pobre y miserable parte que resta es la que constituye tu reserva total de vitalidad de donde tú obtienes el vigor, la actividad, la jovialidad, el optimismo, el deseo de obtener todo aquí y ahora, el sentimiento de poder mover montañas. Juzgando por su estado, cada uno puede hacer una estimación de cuánta reserva le queda. Difícilmente se encontrarán muchos «ciudadanos acaudalados».

De esta forma, toda la energía libre se usa para una serie de intenciones (planes) potenciales no realizados, que únicamente constituyen una carga. *Para liberar recursos hay que deshacerse de parte de las intenciones potenciales o bien llevar a cabo su realización.*

Fíjate en lo que te oprime. Si reflexionas un poco, puedes renunciar a muchas cargas sin lamentarlo. La mayoría de estas pesadas bagatelas nos parecen indispensables pero ¿qué sentido tiene llevarlas constantemente con nosotros si no las podemos realizar? Por ejemplo: yo necesariamente tengo que ser mejor que los demás, tengo que destacar siempre, demostraré a los demás y a mí mismo lo que valgo, debo seguir el camino elegido, sólo me vale la victoria, si no perderé el respeto, no tengo derecho a equivocarme. Y más afirmaciones del tipo, tengo que dejar de fumar, estudiar una lengua extranjera y la típica exigencia de empezar desde el lunes una nueva vida.

Estarás de acuerdo conmigo en que todo lo que se aplaza es una carga inútil. Hay que llevarlo a cabo o bien abandonarlo, porque nos quita energía y gastar energía en vano es una estupidez. Por ejemplo, cuando uno se encuentra dispuesto a abandonar un mal hábito, una doble porción de energía se va en esto: por un lado, uno todavía tiene que pagar los intereses del péndulo y por otro tiene que portar la pesada carga de la obligación de dejar el mal hábito.

Esta historia puede continuar durante años. Uno debe dejar de presionarse en la convicción, es decir, si uno abandona algo que sea por su propia convicción y no por necesidad. Al quedarse quieto en un rincón por métodos volitivos, la persona recibe todavía más presión, que le llevará inevitablemente a una crisis nerviosa. Por eso sería conveniente elegir uno de los dos: o decididamente llevar a cabo la intención o liberarse de esa carga de responsabilidad y reconducir el hábito por un canal controlable.

En vez de gorronear cigarrillos y recoger colillas es mejor hacerse con una buena pipa y comprar buen tabaco. En vez de andar de tasca en tasca y bebiendo por las esquinas es mejor llevar en el bolsillo una buena petaca. Esto significa que tú estableces relaciones comerciales con tu prestamista. Como resultado, esa mala costumbre deviene más moderada y controlable. El banco ofrece al buen cliente condiciones ventajosas. Sin mencionar que un hábito, dejado libre, reporta mucho menos daño que uno que odias pero que no puedes abandonar. La declaración de la intención en este caso lo complica más. Pero, por supuesto, ésta no es la mejor solución al problema. Antes de convertir un mal hábito en algo civilizado, uno tiene que hablar muy seriamente consigo mismo.

Hay otra carga muy agobiante, los estudios cuando uno se dedica a empollar. Si la intención está dirigida a llenar la cabeza de información, se creará una gran tensión. La intención en este caso no se realiza sino que se comprime. No hay movimiento, sólo hay tensión. Por eso, aunque voy a decir una verdad de Perogrullo, no obstante, vale la pena repetirla. No tiene ningún sentido recordar información, esto será sólo un bagaje muerto que sustrae injustificadamente mucha energía sólo para «hundirte».

Los conocimientos, a diferencia de los datos, se asimilan sólo en la acción, con ejemplos concretos cuando la intención se realiza. Por ejemplo, si tienes la costumbre de explicar las lecciones a tus hijos, hazlo al contrario, que sean ellos quienes te las expliquen a ti, y notarás inmediatamente la diferencia. Se trata sólo de reorientar la intención, *convertir lo pasivo en activo*. La carga innecesaria que exige memorización se desprende inmediatamente.

Pero ¿tienes quizás alguna carga muy pesada de la cual hace tiempo que piensas secretamente desprenderte pero que todavía no has tenido el valor de hacerlo? Imagina qué ligereza experimentarías si la dejas caer. Déjate llevar, date más libertad. Confecciona una lista de limitaciones que te oprimen y quítatelas de encima. Así las reservas de energía de la intención inmediatamente se liberan y esto te permitirá avanzar.

Como ya se ha mencionado, el objetivo activa la energía de la intención en el proceso de realización. Es mejor, por supuesto, buscar *tu objetivo*. Si te sale bien la cuestión del déficit de energía, entonces lo más posible es que el asunto deje de preocuparte, porque tu alma y tu mente al recobrar el ánimo con entusiasmo se dirigen rápidamente hacia el sueño dorado. Pero si no te encuentras con capacidad suficiente para actuar activamente, conquistar nuevas cumbres, entonces no deberías siquiera tratar de encontrar *tu objetivo*. En tal caso, hay una probabilidad muy alta de que los péndulos, aprovechando tu debilidad, te impongan objetivos ajenos. Para buscar el tuyo, tienes que poseer un alto nivel de libertad y es ante todo la libertad de las obligaciones ante los demás y ante uno mismo. Y sobre todo, para tener éxito en esta misión, tienes que liberarte de una carga más: *tienes que permitirte no obtener tu objetivo inmediatamente*. Para encontrarlo necesitas tener energía libre y eso es lo que debería ser tu prioridad.

Hay tres modos de incrementar la energía libre: liberación de recursos empleados, ejercitación de flujos energéticos y ampliación de los canales energéticos.

Al liberar los recursos empleados, tú recibes un considerable incremento de energía. Antes entregabas tu energía al péndulo del tabaco o del alcohol y ahora esa energía está a tu disposición. Antes derrochabas energía en preocupaciones y ansiedad. Ahora esta energía se ha trasformado en decisión de actuar. Antes gastabas energía en vacilaciones y dudas, te torturabas con preguntas sobre si habías actuado correctamente o no. Ahora eres tú mismo el que decide lo que te conviene o no. Antes la energía se iba en sentimientos negativos y obligaciones, te torturabas con preguntas sobre la corrección o no de tu actuación. Ahora esta energía es libre. Antes te torturaba la necesidad de confirmar tu importancia. Ahora te permites vivir en correspondencia con tu credo y todo resulta más fácil. Todos tus gastos anteriores se trasforman en ingresos, en energía de la intención con cuya ayuda tú puedes configurar tu realidad.

En el primer libro del Transurfing ya se mencionaba que la energía de la intención puede ser elaborada y mejorada. De la misma forma que el ejercicio físico desarrolla los músculos, igualmente el logro de nuevos objetivos eleva el nivel de energía. Pero cuando ya todas las cumbres han sido conquistadas, la vida vuelve a su curso normal y la energía de la intención se atrofia. El descenso del nivel de energía se puede compensar con *gimnasia energética.* Su principio consiste en que al realizar cualquier ejercicio físico, hay que fijar la atención en los flujos ascendentes y descendentes como se describe en el primer libro del Transurfing. Si a todo esto se le añade *un proceso visual,* en el que tú visualizas la diapositiva en la que la energía de la intención aumenta día a día, entonces la gimnasia se hace más efectiva. La energía de la intención aumenta por sí misma por inducción.

Si hoy entrenas intensivamente tu energía, entonces aguarda las consecuencias mañana. ¿Crees que va a producirse un aumento? Lo más probable es que no. Al contrario, se producirá una total pérdida de energía, ya que si después de una pausa prolongada reanudas el ejercicio físico intenso, entonces al día siguiente tendrás agujetas.

Lo mismo ocurre al entrenar la energía de la intención. Sólo que en este caso no experimentas dolor sino cansancio y abatimiento. Esto no debe preocuparte porque pronto todo se encauzará. Lo más importante es ejercitarse sistemáticamente. Date diariamente la siguiente instrucción: «Mi energía de la intención crece cada día más». Después de varias sesiones percibirás tal empuje que querrás literalmente saltar y volar.

Y finalmente el modo más directo de incrementar la energía es la purificación del organismo y pasarse a una alimentación de productos naturales que no hayan sido procesados. ¿Por qué? Éste es un tema aparte y en absoluto trivial. Lo trataré detalladamente en el próximo libro. No obstante, brevemente, podemos hacer la siguiente analogía: la energía fluye en el organismo como el agua en una tubería. En un organismo limpio, igual que en una tubería limpia, la presión del agua es mayor, así de sencillo y natural. Aunque se puede actuar de otra forma: limpiar la tubería utilizando la fuerte presión del agua. Éste es el camino para las prácticas meditativas. Pero esto resultará largo y complicado, por eso te propongo el modo más fácil y directo, purificarte fisiológicamente.

Un alto nivel de energía lleva a la persona a un estado que se conoce como inspiración. En tal estado, uno es capaz de generar ideas, encontrar soluciones geniales, crear auténticas obras de arte.

Una musa como una polilla siempre se dirige hacia la luz. El escepticismo y la apatía son indicativos de un bajo nivel de energía. Con déficit de energía siempre vas a observar el mundo con pesimismo, lo que indudablemente se reflejará en la realidad. Cuando tu tono vital es alto, trasmites una fuerte imagen de persona triunfadora en el espejo del mundo y entonces la suerte viene por sí misma hacia ti.

Hay que decir una cosa más en relación con esto. Puedes haber percibido que la inspiración a veces se comporta de una manera rara. A veces hay momentos de abatimiento cuando lo imposible parece posible, pero sin saberse por qué el entusiasmo pronto se desvanece y es sustituido por pragmatismo. El fuego del optimismo pronto se consume, y a su alrededor reina la anterior imagen deprimente de un mundo gris en el cual las ideas que toman alas empiezan a parecer desesperadas: ¿cuál es el sentido de semejante inspiración si sólo se pueden hacer castillos de en el aire?

En realidad, esto no es inspiración sino euforia. Este estado surge ante el cambio brusco de un nivel bajo de energía a uno alto. Tal cambio tiene lugar con el uso de fuertes estimulantes o simplemente cuando una información poco habitual excita la imaginación. La anormal explosión de energía abre a la conciencia el acceso a sectores del espacio de las variantes, que están a gran distancia de los actuales, ya realizados. Teóricamente, las actuales variantes también pueden ser realizadas, pero se encuentran lejos del curso de la corriente de las variantes y por eso necesitan más gasto de energía. Por el mismo motivo, las ideas que en el sueño parecen brillantes, se apagan después de despertarse uno. En sueños, el alma vuela tan lejos que llega a áreas que tienen muy poco en común con la actual realidad.

Verdaderamente, las ideas reales surgen sólo con la energía estable de la intención. Además, se encuentran no lejos de la corriente de las variantes. Pero para que tu conciencia salga de los límites del mundo material y alcance estas ideas, se exige o bien un don especial o altos niveles estables de energía, de tal forma que la falta de talento se puede claramente compensar.

La energía de la intención trasmite a la persona no sólo un alto tono vital que le permite actuar eficazmente en el mundo material, sino que lo más interesante es lo siguiente: cuanto mayor es la energía tanto más rápido el objeto del deseo se convierte en realidad. La energía del espacio exterior que atraviesa el cuerpo de la persona se modula con sus pensamientos y adquiere una forma regular, exactamente igual que un transistor trasforma la electricidad en señal portadora de información. Una vez que ha obtenido una orden de información, la energía de la persona «ilumina» el correspondiente sector en el espacio de las variantes. Como resultado, la variante metafísica obtiene su materialización real en el lado físico del espejo dual, el pensamiento se materializa.

Evidentemente, cuanto mayor es el poder de emisión, tanto más efectivo es el proceso de materialización. Como ya se dijo en el anterior capítulo, los pensamientos no se materializan inmediatamente, puesto que si fuera así nuestra vida se parecería a un juego de ordenador en un mundo de completo caos. Para configurar el reflejo, es necesaria una imagen precisa, surgida de la unidad del alma y la mente, o una concentración de la atención bastante prolongada y orientada al objetivo.

Quizás algún día se invente un «materializador» del espacio de las variantes, si Dios lo permite, por supuesto. La inteligencia artificial es inaccesible por el momento y mejor así, probablemente, puesto que no se sabe a qué llevaría. Para nosotros, lo importante es que podamos trasformar nuestros deseos en realidad.

Altos niveles de energía no significa usar la fuerza. Para configurar más efectivamente tu estrato del mundo es necesario sentir la unidad e incluso la identidad con él. Hay que mirar de una manera totalmente nueva la realidad circundante: *yo controlo mi realidad, igual que controlo mi cuerpo*. Entrar en el mismo régimen temporal que tu realidad, no esperar cambios inmediatos y ser más tranquilo, paciente y perseverante.

Tú puedes controlar tu cuerpo fácilmente, esto para ti es algo rutinario. Pero hay personas que han perdido esta capacidad debido a diferentes enfermedades. El cuerpo puede ejecutar movimientos incontrolados o permanecer totalmente paralizado y no obedecer la intención. Cuando sientes desasosiego, tu cuerpo no es totalmente tuyo. Por ejemplo, las manos de una persona inhibida y tímida pueden realizar movimientos descontrolados. No hay unidad de mente, alma y cuerpo.

Mucho peor van las cosas en la relación entre la persona y el estrato de su mundo. La persona se siente aislada de su realidad circundante. El estrato es como si se encontrara fuera, en algún sitio, y realiza movimientos descontrolados, parece que no puede detenerlo de ninguna forma. Pero tan pronto la persona percibe la unidad con su mundo, entonces obtiene la habilidad de controlarlo como si fuera su cuerpo.

Esta capacidad se ha atrofiado totalmente, pero es posible restablecerla. Para esto la persona tiene que aprender a prestar atención constantemente a lo que la rodea, sentir que es parte de este mundo, hallarse en su contexto, buscar aquellos nexos que lo unen a él. En otras palabras, *ser una partícula separada del mundo pero al mismo tiempo disuelta en él.*

No pretendo ocultarte que esta tarea no es fácil. Esto no se puede enseñar, una persona puede adquirir unidad con el mundo sólo por medio de su experiencia cotidiana. Y esto puede resultar un proceso largo en la vida. Por eso, a quien no le atrae una práctica meticulosa de la perfección espiritual, puede hacer uso de instrucciones sencillas y accesibles.

La cuestión es la siguiente. Uno nunca recibe lo que quiere inmediatamente. Pero en cualquier caso, recibe sólo aquello hacia lo que está dirigida su intención. Por ejemplo, si necesita ganar masa muscular, la atención debe estar concentrada en la diapositiva en la cual crecen los músculos. Si necesita adelgazar, todos los pensamientos deben estar centrados en cómo el cuerpo se hace cada vez más esbelto. Si su objetivo es aumentar la energía de la intención, tiene que concentrarse necesariamente en los flujos energéticos y en la membrana. Pero si la intención no está dirigida a ningún lugar, entonces no se obtendrá nada.

Hacer ejercicios sin ningún objetivo es gastar tiempo y fuerzas en vano. Cuando tu atención está focalizada en el esfuerzo y no en el objetivo, entonces simplemente estás usando tu energía fisiológica y nada más, pues el esfuerzo es el camino que lleva al objetivo, un medio para lograrlo. De esta forma, tú te encontrarás siempre en camino, puesto que el espejo refleja sólo lo que contiene la imagen.

Los niños tienen una energía inagotable, pero no está focalizada y se dispersa inútilmente por el espacio. Del mismo modo, si tú llevas tu energía de la intención a niveles altos pero no le indicas una dirección concreta, te resultará inútil.

Una sencilla lámpara puede iluminar sólo el espacio más cercano. Un rayo láser dirigido de una manera precisa puede señalar un objeto a varios kilómetros de distancia. Por eso, *si quieres que tu energía funcione es necesario darle una dirección específica hacia un objetivo.*

La perseverancia dirige la energía de la intención en una dirección estrictamente determinada. La *concentración* es esencial, no *tensión* sino *foco*. Habitualmente, la «batidora» de pensamientos trabaja por sí misma. Las ideas surgen y mueren incontrolablemente, los pensamientos saltan de un tema a otro. La mente «patalea» como un bebé. Para controlar la realidad, necesitas intentar mantener bajo control tus pensamientos. Al principio esto puede resultar incómodo, pero después se convierte en hábito.

Y para contraer tal hábito, es suficiente con cumplir una simple regla: *acostúmbrate a pensar en lo que estás haciendo en el momento presente*. No hagas nada porque sí, sin pensar, mientras nadas en una gelatina amorfa de pensamientos incontrolables. *Proclama tu declaración de intenciones*. Esto no significa que debas estar constantemente alerta. Deja que tus pensamientos divaguen lo que quieran, pero hazlo intencionadamente según el principio: *si mi mente divaga es sólo porque yo se lo permito*. Y de igual manera intencionada vuelve a tu estado de concentración cuando sea necesario.

Básicamente, consiste en que la imagen de tus pensamientos mantenga, en su mayor parte, el cuadro que tú querrías ver en el reflejo del espejo dual. De esta forma, para lograr el objetivo no es necesario encontrarse en un estado ideal de unidad orgánica con el mundo, sino que es suficiente con fijar la atención *sistemáticamente* en la diapositiva del objetivo. *Controlando el funcionamiento de tus pensamientos, tú sometes la realidad a tu voluntad.*

No importa si tus pensamientos a veces se alejan de tu control. Lo importante es tener el hábito de devolverlos al cauce de la diapositiva del objetivo. Cuando por costumbre tus pensamientos retornen una y otra vez al objetivo, la diapositiva se convertirá en un compañero habitual, la imagen siempre permanece como fondo, en el contexto de todo lo que te acontece. En tal caso, no lo dudes, se formará la imagen y el espejo del mundo inevitablemente la reflejará en la realidad.

La limpieza del mundo

Cada persona tiene su propio estrato del mundo. Se puede decir que la superficie que se refleja del espejo dual tiene múltiples estratos. Cada ser vivo al nacer tiene a su disposición la pantalla del espejo. La imagen se forma de los pensamientos e intención del individuo y crea en el reflejo una realidad separada. Una multitud de realidades se sitúan unas sobre otras, formando lo que observamos en la realidad material.

Si hablamos del ser humano, el estrato de su mundo es el espacio de existencia, es decir, todo lo que le rodea. La realidad individual se forma de dos maneras: física y metafísicamente. Es decir, la persona crea su mundo con sus acciones y pensamientos. Es difícil valorar cuál de estos aspectos influye más en la realidad. Lo más probable es que las imágenes mentales jueguen aquí el papel principal ya que crean una parte significativa de los problemas materiales con los que el ser humano tiene que enfrentarse la mayor parte del tiempo. Como entenderás, el Transurfing trata exclusivamente el aspecto metafísico.

Cada persona vive en su determinado ambiente, rodeada por multitud de personas y objetos materiales. ¿Cómo se puede destacar en este abigarrado ambiente una esfera separada de la existencia? Muy sencillamente. Si se elimina todo lo material, queda la esencia básica que nos interesa fundamentalmente: *¿cómo van las cosas, bien* *o mal?* El ambiente puede ser rico o pobre, agresivo o amistoso, cómodo o no, pero lo importante no es esto. Lo importante es si la persona es feliz en estas condiciones, si obtiene todo a lo que aspira, si las circunstancias se configuran de manera favorable. Ésta es la cualidad del estrato, su matiz, y ejerce una influencia decisiva en todo lo que acontece en la realidad material.

El estrato del mundo puede tener tanto tonos claros como oscuros. Todo depende de cómo la persona construya la imagen de sus pensamientos, cuanto más negativa, tanto más sombría será la realidad. Y cuanto peor vayan las cosas más aversión habrá, lo que al retroalimentarse hará que el estrato sea todavía más oscuro. De todo esto se desprende que uno debe mantener limpia su realidad separada. Igual que mantiene limpio su cuerpo.

Todos los pensamientos negativos hay que eliminarlos resolutivamente, sin miramientos, para que no te estropeen tu mundo, de igual forma que uno tira la basura y limpia la suciedad. ¡Fuera! Hay que deshacerse de los trastos viejos, ya que si no, y por mucho que te esfuerces, las cosas sólo irán a peor.

Sin embargo, hay un tipo de suciedad que resulta muy difícil sacársela de encima. Es, ante todo, *el sentimiento de culpa*, además de *complejos de inferioridad, dudas, preocupaciones, miedos, desagrado, aversión y las peores expectativas*. Son como achaques de los que uno querría librarse pero no puede, por lo que hay que curarse. Para esto hay remedios.

Imagínate la siguiente escena: una persona se dirige con su mundo en un autobús mágico hacia donde los sueños se convierten en realidad.

—*Venga, querido, vamos a buscar tu juguete.*

—Sí, mundo, ¡es formidable!

El feliz viaje promete mucho. Todo va fenomenal, ¿qué más se puede pedir? Pero la mente intranquila no está acostumbrada a esto, está siempre mirando a su alrededor buscando dónde puede haber problemas, porque no todo puede ir sobre ruedas.

—¡Eh, para el autobús! Ahí queda gente sensata que me está juzgando. Debemos llevarlos con nosotros para enmendar nuestra culpa.

—*Pero, bueno, querido, ¡quítate de la cabeza esas tonterías!*

—No, no, hay que hacerlo, si no, no me sentiré bien.

El autobús se detiene y entran en él varios individuos que empiezan a quejarse y a exigir:

—Nosotros somos tus jueces.

Nada podemos hacer, y el autobús sigue su camino. En general, no todo va tan mal pero la persona de nuevo empieza a inquietarse.

—Mira, ¡qué gente más agradable! –le dice al mundo–, vamos a cogerlos, serán un modelo a seguir.

—*Perdona, querido, ¿pero para qué necesitamos más compañeros de viaje?*

El mundo hace un tímido intento de oponerse pero es obligado a aceptar y el autobús se llena de gente presuntuosa que claramente muestra que tú nunca serás tan bueno como ellos.

—Nosotros somos tu ideal.

Y por el camino hacen autoestop el Miedo, la Intranquilidad, la Duda y las Peores Expectativas. Y nuestro hombre, por supuesto, intenta razonar de la manera más sensata.

—Quizás estos sabios acompañantes nos indiquen la dirección adecuada y nos protejan de dar un paso en falso.

—*Como dispongas, querido* –el mundo acepta y deja entrar al grupo de alborotadores.

—Nosotros somos tu sentido común –exclaman.

Con sus lamentos juiciosos convierten el viaje en un auténtico infierno. Además la carretera está cortada por el Descontento, el Reproche y la Aversión. La persona no quiere de ninguna manera encontrarse con ellos pero el mundo ya se ha acostumbrado a llevarse a todos hacia los que se dirige su mente.

—Nosotros somos tu pesadilla –gritan unos tipos desagradables, y gimiendo se tambalean junto a la puerta.

La persona estaría contenta de liberarse de sus molestos acompañantes, pero ya es tarde. El autobús está abarrotado y no puede continuar. Estos manipuladores, ídolos de cartón, charlatanes, consejeros y todo tipo de chusma lo estropean todo. Pero ¿quién es el culpable? ¿Por qué hubo que cogerlos?

Lo más destructivo de toda esta basura es el sentimiento de culpa sin importar si es consciente o inconsciente. Si percibes que el mundo te está castigando o te humilla, se comporta como si se estuviera mofando, intentando someterte, entonces hay que decir que tienes todos los síntomas de la enfermedad. Aleja de ti a patadas esta infección. El sentimiento de culpa es como un huésped desvergonzado que se apoltrona en el sillón de nuestra casa con los pies sobre la mesa, dictándole sus condiciones. Tienes todo el derecho de expulsarlo si eres consciente de que eso está en tu poder. Incluso aunque seas culpable de algo, tienes el derecho de pedir disculpas sólo una vez.

El sentimiento de culpa engendra castigos de las más diversas formas: desde pequeños contratiempos a grandes problemas. Podemos cortarnos un dedo o tener un accidente. La intención exterior va a incluir necesariamente algún castigo. Así está constituido el modelo de la percepción del mundo de los seres humanos: una acción debe ser seguida por un castigo y el alma y la mente actúan de forma completamente unánime.

Además, el sentimiento de culpa hace crecer mucho la polarización. Como resultado, las fuerzas equiponderantes provocan todo tipo de desgracias sobre «quién ha admitido su culpa». Y el más enojoso de todos los infortunios son los manipuladores que se pegan a uno como moscas. Se las han apañado para inducir el sentimiento de culpa en sus «clientes». Si la persona tiene tendencia a echarse la culpa, el manipulador va a hacer todo lo posible para endosársela continuamente.

El complejo de culpa se instala en nosotros desde la niñez. Los adultos a veces utilizan métodos coercitivos para obligar a obedecer a sus pupilos. Si un niño pasa mucho tiempo bajo el mando de un típico manipulador, una especie de microchip se inserta sólidamente en su psique, todavía no del todo formada, un microchip con forma de un sentido inconsciente del deber o la obligación de pagar por algo de lo que has sido culpable.

La persona «programada» está condenada a llevar una pesada cruz y a ser una marioneta en manos de sus manipuladores mientras que este microchip se encuentre en su subconsciente. ¿Y cómo se puede extraer? Uno no puede estrangular su culpa y simplemente librarse de ella, no es posible, sus raíces son muy profundas. El alma y la mente han vivido mucho tiempo con la impresión de tener siempre una obligación con los demás y sacarlas de este estado se puede hacer sólo a través de una serie de acciones concretas.

Y concretamente tienes que *dejar de justificarte*. Aquí se da el caso de que como consecuencia de la curación de la enfermedad se elimina su causa. Tú no necesitas convencerte de que no le debes nada a nadie. Observa simplemente lo que haces de manera habitual, para lo cual necesitarás conciencia. Si antes tenías el hábito de disculparte a la más mínima ocasión, ahora tienes que desarrollar otro hábito: *explica tus actos sólo cuando sea realmente necesario*.

No necesitas convencerte de que no estás obligado a nada. Deja que el sentimiento de culpa se quede dentro. Pero no debes mostrarlo exteriormente. Los manipuladores al no recibir de ti la misma respuesta te dejarán en paz paulatinamente. Al mismo tiempo, el alma y la mente se van acostumbrando poco a poco a la nueva sensación: tú no te justificas y tampoco hace falta, y como consecuencia, tu culpa no existe. Como resultado hay cada vez menos motivos para la «expiación». Así es como, por la espiral de la retroalimentación, la forma exterior pone poco a poco en orden el contenido interior, el sentimiento de culpa desaparece y como consecuencia también desaparecen los problemas que esto conllevaba.

Otra enfermedad que prácticamente todo el mundo sufre de alguna u otra manera es el complejo de inferioridad. Semejante lastre hace que la persona se sienta poco valorada y sin talento, lo que hace que se refleje en la realidad. En el primer libro del Transurfing se ha tratado detalladamente *la importancia interior*, qué problemas pueden surgir cuando una persona trata por todos los medios de elevar su importancia personal porque se siente de algún modo inferior. La paradoja es que aquí hay una ley que actúa de manera semejante al principio de incertidumbre en física cuántica: la importancia disminuye en función del esfuerzo dirigido a enfatizarla. Y al revés, la persona que no se preocupa por su importancia, indudablemente la tendrá.

El deseo de fortalecer su situación y resaltar sus méritos es una ilusión, es perseguir el reflejo en un espejo circular. Pero, ¿cómo convencerse de que uno es meritorio y no tiene que demostrarlo? Aquí hay una cadena más de retroalimentación a través de la cual la consecuencia elimina la causa. Se necesita reorientar conscientemente la intención: en vez de intentar fanfarronear deberías *cesar cualquier intento de incrementar tu significancia*. Si una persona no intenta demostrar lo importante que es (y tú sabes que esto lo hacemos prácticamente todos, cada uno a su manera), la gente a su alrededor siente intuitivamente que su significancia no necesita confirmación. Y cuando es así, la gente empieza a tratar a la persona con gran simpatía y respeto. Como resultado, el alma y la mente poco a poco adquieren el convencimiento de que «realmente valgo algo». El círculo del espejo se detiene momentáneamente, después se gira y empieza a moverse hacia ti y como resultado la autoestima aumenta y el complejo de inferioridad es como si no hubiera existido.

Las dudas, la intranquilidad y el miedo también estropean completamente la imagen del mundo. No olvides que después de que tales pensamientos se reflejen en el espejo, el estrato del mundo es atravesado por algo de lo que realmente hay que desconfiar. Pero son los temores los que dañan el objetivo establecido, puesto que como sabes del capítulo anterior, son los que trasforman el deseo en codicia. Cuanto mayor es el deseo, como el temor a la derrota, mayor será *la importancia exterior* y menor la probabilidad de éxito. Hay que abandonar la espera en forma de anhelo, de lo contrario nada resultará. Para lograr el objetivo es necesaria la intención, desprovista de dudas, que aparece cuando pasas del simple «querer» a la acción.

Para eliminar esta desasosegante impaciencia es necesario encontrar una garantía, un camino alternativo en caso de fracaso y también desde el principio aceptar la derrota. Pero aquí nos planteamos lo siguiente: ¿cómo es posible aceptar de antemano la derrota si nos domina un terrible afán de conseguir lo nuestro? Y verás que cuando las cosas no vayan bien, la desesperación o quizás incluso la rabia te obligarán a desistir del resultado esperado.

Uno puede liberarse también de la *importancia interna,* es decir, del patológico sentimiento de propia significancia por pura desesperación. Si algo no te sale y como consecuencia afecta de lleno a tus ambiciones, el sentimiento de desesperación te hace pasar de todo y abandonar tu propia importancia como si fuera un peso muerto. Te sentirás aliviado y libre y todo se encarrilará.

Las dudas sobre los planes realizados satisfactoriamente surgen cuando la mente piensa en los caminos y medios para lograr su objetivo. En el primer libro del Transurfing hemos tratado en profundidad por qué no vale la pena pensar en esto. Tú no puedes saber con exactitud cómo irán las cosas. Tu tarea consiste en concentrar tu atención en el objetivo como si ya estuviera conseguido y entonces la intención exterior abrirá, a su vez, las puertas necesarias.

Ahora, sabiendo ya las reglas de interacción con el espejo dual, nada debe preocuparte. El medio más efectivo contra las dudas y los temores son los principios del espejo. En primer lugar, dirige tu intención al mantenimiento de la amalgama «Mi mundo se ocupa de mí». En segundo lugar, debes seguir a rajatabla los tres últimos principios del espejo.

Por ejemplo, te dispones a ingresar en la universidad y quieres pasar el proceso selectivo. Antes de intentarlo, dite a ti mismo: «Tal vez si fracaso esto sea una suerte para mí». Y luego, despreocupada y alegremente ve a hacer el examen.

Esto se llama aceptar la derrota y moverse por la corriente de las variantes. Cumplir lo que a uno se le exige y al mismo tiempo pensar con indiferencia en el resultado final. O más bien *pensar en cualquier resultado como en un éxito.*

No hay que «simular» que uno no quiere alcanzar el objetivo, uno no consigue engañarse a sí mismo. No es necesario pensar de qué forma se va a alcanzar el objetivo y no obsesionarse por su escenario. Tu tarea es hacer el trabajo de visualización de la diapositiva y moverte en la dirección del objetivo. El control de la mente no hay que dirigirlo al escenario sino a la observación de los principios del espejo.

¿Por qué preocuparse si a pesar de todo te espera el éxito? Todo depende de ti, de qué actitud tomes, positiva o negativa. Todo el mundo suele enfrentarse a sus fracasos de igual forma, como algo inevitablemente negativo, por eso están obligados a someterse a las reglas del juego donde el éxito es difícil por definición. En vez de esto, haz un movimiento inhabitual: denomina éxito a tu fracaso. Eso te permitirá salirte de la línea y la victoria estará garantizada.

Aquí, como en el caso del sentimiento de culpa e importancia, actúa la cadena de la interacción. Detienes el círculo del espejo al apartar tu atención del espejo y dirigirla hacia la imagen y cesando la persecución del reflejo. No tienes necesidad de creer en el éxito y autoconvencerte. Lo que necesitas es sólo *desviar la atención al cumplimiento de los principios.* Una vez que empiecen a actuar, notarás que en la realidad acontecen cambios significativos. Tu mente se convence de que el espejo está realmente funcionando. Te darás cuenta finalmente de que el éxito no se consigue de la forma imaginada. Como resultado de ello, la mente y el alma se tranquilizan, el miedo y las dudas desaparecen y el círculo del espejo se mueve hacia ti.

El reproche, la insatisfacción, la aversión y las peores expectativas constituyen la basura que queda y que es necesario eliminar de tu mundo. Con respecto al reproche, es necesario aclarar que la crítica a quien quiera que sea, incluso aunque esté justificada, es algo altamente perjudicial. Es una tarea extremadamente infructuosa. Las fuerzas equiponderantes con el objetivo de restablecer el equilibrio entre lo bueno y lo malo hacen todo lo posible para sentar en el banquillo de los acusados al propio denunciante. Siempre se encuentran causas y motivos para ello. Así que deberías considerar tabú cualquier reproche de tu parte.

Con respecto a las otras actitudes negativas se puede decir sólo una cosa. Al interpretar la obra titulada «No me satisface este mundo, no me gusta mi vida», tú estás configurando y manteniendo precisamente esta realidad. Recuerda constantemente que estás delante de un espejo. La amalgama y los tres últimos principios del espejo te ayudarán a convertir el estrato de tu mundo en un rincón acogedor. A este respecto no hay nada más que añadir.

Y una última cosa. Imaginemos que actualmente estás atravesando dificultades hasta tal punto que no tienes fuerzas para seguir ningún principio. ¿Por dónde empezar? ¿Cómo *enderezar la realidad*?

A veces ocurre que la vida se vuelve realmente insoportable. Es como el alcohólico que cuando está sobrio descubre a su alrededor una sombría y desangelada realidad. Tomemos el siguiente típico ejemplo ilustrativo: tras haber pasado la noche en una alegre fiesta, llega la poco halagüeña mañana cuando tenemos que ir arrastrándonos al trabajo. Después de una fiesta surgen multitud de problemas en el lugar de trabajo. El hecho de que la gente no logre alcanzar el ritmo adecuado de trabajo es comprensible, pero algo similar ocurre con la técnica. Según las estadísticas, los lunes se estropean muchos más automóviles, ordenadores y demás dispositivos técnicos. ¿Qué es lo que sucede con la realidad?

Esta realidad es creada por los mismos individuos cuando sus estratos se superponen unos a otros. Durante la resaca la persona está obligada a devolver al péndulo «un determinado interés porcentual». Ante el déficit de libre energía, la imagen mental conserva una gran proporción de información negativa. De ahí el ambiente enrarecido donde ningún trabajo puede llevarse a cabo. El espejo reacciona en concordancia con esto y la realidad se distorsiona. Si en casa fallan los aparatos domésticos, en el trabajo la distorsión acumulada conlleva consecuencias más sustanciales: ocurren accidentes, los aparatos se estropean y los equipos técnicos funcionan de manera inestable.

La cuestión es que si una persona está deprimida o en un estado alterado de conciencia, el estrato de su mundo se cubre de *las partes difusas* del espacio de las variantes. La realidad es como si estuviera envuelta en bruma. Toda la atmósfera circundante permanece en su sitio, las condiciones son las mismas, incluso el tiempo puede ser maravilloso pero, no obstante, algo opresivo flota en el aire. Si en días como éstos no has prestado atención a los diferentes tonos de la realidad, hazlo. Percibirás que el mundo material te observa con una fría hostilidad. La cualidad de tu estrato ha cambiado: «las cosas van mal». Es la cualidad de la bruma difusa y tiene una influencia considerable en todo, incluida la técnica.

La mala racha empieza o bien por un malestar físico debido a un déficit de energía libre o bien por emociones negativas cuando no se cumplen las expectativas. Para no permitir en el futuro el acceso a tu realidad de la parte difusa, es necesario, ante todo incrementar el nivel de energía, al alcanzar el nivel adecuado la irritabilidad cesará. Y por supuesto hacer lo que hemos comentado anteriormente: mantener limpio tu estrato del mundo.

Pero si en este momento estás deprimido, necesitas primeramente encauzar la realidad, sacar tu estrato del mundo de su nube sombría a un área limpia del espacio de las variantes. Y ¿cómo se hace esto?

Hay una receta, es sencilla, como todo lo genial. Cuando un niño llora, ¿cómo lo tranquilizamos? Tratar de persuadirlo no funciona. Hay que pasar tiempo con él, dedicarle atenciones, interés, prestarle atención. Así, cuando tú te sientes mal, es el niño quien llora dentro de ti. Cuídalo. A pesar de que muchos de nosotros parecemos serios, fuertes, geniales, etc., en esencia, seguimos siendo niños. «Súbete al tiovivo», es decir, dedícate a lo que más te gusta. Tómate un especial tiempo muerto para ordenar tu realidad, durante el cual sólo vas a descansar sin pensar en problemas. «Mi mundo y yo vamos a pasear». Vale la pena tomarse este tiempo porque es necesario limpiar el estrato, pues muchas cosas dependen de él. Cómprate tu dulce favorito: «Come, querido, come, reponte». Dedícate todo un día a ti mismo, a tus placeres. Mímate, acuéstate en tu confortable cama: «Duerme, querido, tu mundo cuida de ti».

Así es como funciona. Al día siguiente, si no te da pereza seguir los principios del espejo, sentirás como la realidad circundante empieza a adquirir tonos cada vez más cálidos y acogedores, el estrato sale del *área difusa.*

Si prestas atención cuidadosa, te sorprenderás de hasta qué punto esto es *real*. El mundo real que hasta ahora te había parecido tan inmóvil empieza suavemente a trasformarse literalmente delante de ti. La atmósfera opresiva empieza a ceder, el reloj que había estado parado empieza a funcionar, la gente empieza a tratarse con más simpatía. Este gigante espejo dual actúa de manera increíble. La realidad se mueve en el espacio de las variantes imperceptiblemente, como un minutero, pero se mueve.

Así es como se hace un *lifting* parcial de la realidad. Pero esto no es todo todavía. ¿No desearías hacer uno integral? Rememora tu juventud, todos los colores te parecían brillantes y joviales, la vida era maravillosa y llena de esperanza. Tú te sentías bien. Bien porque tu estrato al igual que tu cuerpo estaba limpio y fresco. El mundo se ocupaba de ti, y aunque no lo valorabas mucho tampoco le exigías demasiado. Sin embargo, con el tiempo aparecen más y más exigencias así como aspectos negativos en tu imagen mental. Como resultado, los tonos del estrato palidecen y la vida entra en una etapa cuando la gente dice: «Recuerdas antiguamente…».

Este efecto es descrito en el primer libro del Transurfing como *desplazamiento de generaciones*. El tiempo vuela. Parece que fue ayer cuando ocurrió, pero realmente ya fue hace mucho. La edad manifiesta su efecto tenaz e inevitablemente. Las esperanzas envejecen, el mundo entra en decadencia. ¿Acaso la fiesta llega a su final?

No, todavía puedes hacer que todo regrese, tanto los antiguos colores, como la sensación de novedad o el deleite de la esperanza. Si sigues los principios del espejo, vas a encontrarte con un fenómeno sorprendente: *tu estrato del mundo te devolverá tu anterior frescura*. Cuando logres corregir el cambio de generaciones a tu favor, percibirás en su totalidad lo que es *controlar la realidad*.

Corrigiendo el espejo

En todos los tiempos, el ser humano ha creado multitud de modelos para controlar la realidad, desde pinturas en las cuevas hasta complejos artilugios y mecanismos. Todos estos modelos tienen un rasgo en común: se someten a la intención interior de la gente. Al ser producto de una mente pura, la intención interior actúa de una manera directa, según el principio: «Hacia donde giro, hacia ahí iré». Uno puede someter a su voluntad sólo aquella parte de la realidad que has atribuido a su juego. Por ejemplo, puede someter parte de un río a su control y recibir energía de ello. Pero el río, no obstante, continuará como parte independiente de la realidad incontrolable. Se puede mover a un pequeño asno con la intención interior, aplicando directamente la fuerza sobre él. Pero convencerlo de que haga lo que no quiere es imposible. La realidad independiente está sólo sujeta a la intención externa, que surge de la unidad del alma y la mente.

Una persona tiene dos formas de controlar la realidad. La primera es convertir en atributos los objetos del mundo que la rodea. Luego éstos se someterán a la intención interior. La segunda forma es utilizar la intención exterior y vivir en armonía con la naturaleza. Son dos formas totalmente opuestas del desarrollo de una civilización.

Nuestra sociedad se desarrolla según la primera opción, la menos efectiva y además la más destructiva para nuestro planeta y para la humanidad. No se puede domesticar a toda la naturaleza, por eso el ser humano se encuentra en estado de lucha constante con el medio ambiente. Un día lo contamina, otro trata de protegerlo y básicamente actúa según un mismo principio: trata de convertir todo en atributos suyos para someterlos a la intención interior.

La realidad no domesticada existe independientemente y se comporta como un espejo en el que se refleja la actitud de la persona hacia la realidad circundante. Pero este espejo es poco común.

Supongamos que la persona necesita que el reflejo en el espejo del mundo gire a la derecha. Actuando dentro del marco de la intención interna, trata de mover el reflejo. Como resultado se crea un potencial excesivo y las fuerzas equiponderantes giran el reflejo hacia el lado contrario. El mundo no se somete porque el espejo se ha distorsionado.

El espejo del mundo se distorsiona por la polarización. Como sabes la polarización acontece por dos razones. La primera son las relaciones de dependencia basadas en la comparación, en el contraste o en las condiciones específicas. Por ejemplo: «Yo soy bueno porque tú eres malo» o «Tú eres bueno si admites mi superioridad».

La segunda razón de por qué surge la polaridad puede ser identificada como «el apriete de tuercas». Cuando una persona trata de presionar en el reflejo con su intención interior, nada le sale. Piensa que tiene que hacer un poco más de presión y con absurdo afán trata de mantenerse en sus trece.

Las fuerzas equiponderantes eliminan la polaridad por medio de la atracción de los opuestos. Como consecuencia, la persona recibe un resultado que es totalmente opuesto a la orientación de la intención interior.

El espejo se puede enderezar si eliminamos la polaridad. Esto se hace de manera bastante sencilla, igual que se alinea la rueda de una bicicleta. La rueda se dobla donde los radios están fuertemente tensados. Si el mundo no obedece y se comporta como «a propósito» es necesario comprender qué es lo que provoca la polaridad y disminuir el correspondiente potencial.

Los niños índigo nos ayudarán a entender cómo se hace esto, puesto que ellos son muy sensibles a los potenciales excesivos. Las características distintivas de los índigo son: consciencia, afán de independencia, intuición e individualidad. Todas estas características se desarrollan en los niños como reacción a los intentos de la gente que les rodea de encorsetarlos en una *estructura* social anquilosada.

Cualquier célula de la estructura, incluida la familia, aspira a regular el comportamiento de los niños, someterlos a su control. Esto hasta cierto punto es necesario. Pero no hasta el punto de que intenten convertir al niño en un atributo de su juego, dominado por la regla de «Tú harás como yo quiera».

Es obvio que un planteamiento tan rudimentario crea polaridad. Como resultado, los niños se hacen menos manejables, como hojas que han sido atrapadas por el viento de las fuerzas equiponderantes. Los tontos e insatisfechos adultos, como norma, hacen lo único que saben: apretar las tuercas de la disciplina. Y en respuesta a ello, los niños o se propasan más o se rinden y se convierten en atributos, elementos de la estructura «que hacen todo lo correcto en la vida pero nada bueno».

Por supuesto que nadie desearía que su hijo se convirtiera en un marginado. Pero tampoco es nada envidiable la vida como un simple tornillo. Mucha gente podría admitir que en su vida «todo fue correcto pero nada bueno» o «nada bueno y todo incorrecto». Todo padre quiere una vida diferente para sus hijos y de ahí que con su esfuerzo mantenga comportamientos que favorecen la polaridad, empecinándose en su ignorancia.

Toda la intención interior del ignorante educador se resume en una fórmula idiota: «Yo, con todas mis fuerzas (con todo mi estúpido poder), te deseo el bien y por eso vas a actuar como yo quiero».

No obstante, los problemas asociados con la educación pueden solucionarse eficazmente si abandonamos el estrecho punto de vista de la intención interior y reflexionamos sobre cuál es el motivo de la distorsión del espejo.

En primer lugar, es necesario determinar dónde se encuentran los polos opuestos de la polarización. Si los radios de la rueda están demasiado tensados en un lado entonces del otro deben aflojarse. El afán de independencia y el no sometimiento al control de los niños índigo constituyen «los radios aflojados». ¿Qué causa que en el lado opuesto los radios estén tensados? Es la presión de la gente que rodea a los niños índigo en su afán de someterlos a su voluntad.

Sucede que el orden engendra un mayor desorden. ¿Qué ocurrirá si continúas apretando las tuercas? Los radios se aflojarán todavía más y finalmente algo puede romperse.

Evidentemente, *para reducir la polaridad es necesario aflojar los radios que han sido demasiado tensados. ¿Cómo se hace esto? Se debe diluir el orden en una dosis de un cierto desorden sensato.* Hay muchas maneras: saltar en la cama, aporrearse con la almohada, berrear o emitir sonidos extraños, empujarse, andar a cuatro patas y básicamente idear diferentes formas de hacer travesuras.

También se puede vigilar a otro miembro de la familia y abalanzarse sobre él o hacerle una jugarreta. A la mesa es útil untarse mutuamente con mermelada si no hay pasteles a mano. O imaginemos que en verano en el campo junto a un lago hay un gran charco lleno de barro, la suerte está de tu parte, tú sabes lo que tienes que hacer.

Básicamente, cuantas más tonterías «racionales», más obediente es el niño. Ahora deberías entender el motivo de tal paradoja.

El orden también puede ser arruinado por el humor inglés, cuando la seriedad llega a la estupidez. En general, la alegría, como el aburrimiento, es un estado del alma. Ya hemos dicho que el aburrimiento en sí no existe y lo que hay es sólo una eterna necesidad de controlar la realidad. Esta necesidad es una característica inherente del alma.

¿Y por qué se alegra el alma? Pues, probablemente, porque se siente bien cuando está alegre. Pero ¿por qué se siente bien? Porque el humor y la alegría disminuyen la importancia. Es imposible controlar la realidad con potenciales excesivos que bloquean la energía de la intención y distorsionan el espejo del mundo.

Pero si a una persona se la obliga a hacer lo imposible y se la ata, ¿acaso su cuerpo no va a sentir malestar? Éste es el mismo malestar que sufre el alma, comprimida en los potenciales excesivos, y éstos siempre están presentes en un grado u otro. La mente angustiada está constantemente «apretándole las tuercas» al alma.

Cuando la alegría disminuye la tensión, el alma obtiene libertad. Y es por lo que uno se siente *bien* cuando está alegre, es una sensación de bienestar espiritual que es tan real como cualquier bienestar físico.

Pero, en principio, la corrección del espejo se puede realizar también sin humor. Si tú no tienes una personalidad predispuesta a la alegría y a las bromas, entonces hay que pensar simplemente dónde existe la posibilidad de aflojar el volante del control. Cualquier coacción cuando es inevitable debería diluirse en la libertad de elección. Por ejemplo: «¿Vas a lavar los platos o a la tienda?». Incluso la disciplina se convierte en libre arbitrio, si está basada en una necesidad consciente.

Si un adulto dicta la norma «no se puede y ya está» apoyando su argumento con un simple «porque lo digo yo», entonces podemos decir que éste no es realmente un adulto sino un niño tonto con poder. ¿No es mejor hablar de igual a igual y modelar la situación según el principio de «¿qué pasará si?».

La coerción distorsiona el espejo y por lo tanto produce el resultado opuesto. Para eliminar la polaridad es necesario revisar tu estrategia y pasar de la demostración de poder a la conquista del respeto y sustituir la autoridad por relaciones de confianza.

En lugar de emplear la coerción sería mejor hacer que el niño quisiese realizar por sí mismo todo lo que se le pide. Para esto sólo es necesario pensar en cómo convertir una pesada obligación para el niño en una manera de aumentar la importancia. La confirmación y el afianzamiento de la propia importancia constituyen la base de la motivación de la gente y en particular de los niños. La mejor herramienta para interactuar con los niños son los principios del Freiling.

La tendencia a la intuición es otra característica que habría que desarrollar por todos los medios. En los niños índigo, el lado derecho del cerebro juega un papel dominante. El sistema educativo hace uso mayoritariamente del hemisferio izquierdo puesto que su objetivo no contempla en absoluto el desarrollo de capacidades y habilidades. El sistema obliga a los niños a *estudiar* la materia y después a *repetirla* correctamente. La intención se dirige no a adquirir conocimientos sino a *rendir cuentas*.

Este planteamiento usa principalmente el hemisferio izquierdo e incluso de un modo pasivo. El deseo de llenar la cabeza de información produce una reacción inequívoca. «¡No quiero hacerlo!». Los conocimientos adquiridos de tal forma son inútiles, sólo por un tiempo no muy prolongado podemos conservarlos en nuestra memoria de un modo pasivo igual que el cargamento de un almacén que se estropea muy rápidamente, la información se olvida.

No obstante, es muy fácil cambiar la situación en educación. Para ello sólo es necesario redirigir la intención del aprendiz hacia otro lado.

En primer lugar, cambiar radicalmente la metodología de enseñanza: *no aprender de memoria sino llevarlo a la práctica*. De esta forma, el cerebro va a trabajar de la manera que se supone, en calidad de creador y no como un lugar de almacenamiento.

En segundo lugar, cambiar el objetivo de la enseñanza: no rendir cuentas sino enseñar a otros. Sí, exactamente así. Hay escuelas especiales donde los niños literalmente enseñan a otros, es decir, interpretan alternativamente el papel de alumnos y maestros. Los estudiantes de estas escuelas asimilan brillantemente los complejos programas en un tiempo récord. Y esto gracias a una intención más activa.

Hay que decir que hay muy pocas escuelas de este tipo, y obtener plaza en ellas es muy difícil. Se podría pensar que es una buena idea introducir este avanzado método en todos los sitios al observar su total eficiencia. Pero no puede ser, de ninguna manera.

Lo que ocurre es que esto sería malo para la *estructura*, puesto que no necesita ni talentos, ni personalidades destacadas ni brillantes individualidades; lo que necesita son elementos que trabajen con ahínco. Así que todo está en orden, el sistema educativo está perfectamente. Prepara elementos trabajadores y lo hace precisamente de la manera como lo exige la estructura, con el mundo de los péndulos.

Pero sucede que incluso en las rocas pueden crecer árboles e igualmente dentro de un ámbito de total orden también crecen genios. Si no quieres que tu hijo se convierta en una destacada excepción, lo único que tienes que hacer es presionarlo por todos los medios disponibles en el sistema. Pero si realmente deseas el bien para tus hijos, entonces en tu trato con ellos es necesario vigilar constantemente el nivel de polaridad que distorsiona el espejo y hace que el niño sea incontrolable.

Los niños índigo (y hoy en día la mayoría de los niños son así) poseen cualidades extraordinarias, y la más importante es la individualidad. Para los niños es muy difícil conservar esta característica en el mundo de los péndulos. Por eso es necesario recordar siempre la regla básica del Transurfing: «Permítete ser tú mismo y al otro ser él mismo».

Pero tampoco deberías aflojar demasiado los radios. Todo debe hacerse con moderación. ¿Y cómo encontrar el justo término medio?

Tienes que observar, imaginar y usar el principio de la corrección del espejo en vez de mantenerte absurdamente en tus trece. Está en tus manos ayudar a tus hijos a convertirse en grandes personas, y con respecto a la estructura, ellos por sí mismos sabrán insertarse en ella.

El creador de la realidad

Hasta ahora hemos estado hablando de cómo convertir tu vida en un sueño consciente y el estrato del mundo en un rincón acogedor. Aunque los principios del espejo tienen un impacto tangible sobre la realidad, no obstante, todavía sigue siendo bastante leve. En este apartado te familiarizarás con otros métodos más poderosos.

El mecanismo fundamental del Transurfing lo constituye la diapositiva con el objetivo, la visualización de una imagen en la cual se ha alcanzado el objetivo. No voy a repetir lo que ya he descrito detalladamente en el primer libro del Transurfing. Sólo mencionaré los principales aspectos.

No se puede mirar la diapositiva como una imagen externa en movimiento. Debemos estar dentro de los acontecimientos imaginados: qué hacías cuando el objetivo fue alcanzado, qué sentías, cómo lo experimentabas, qué ocurría a tu alrededor. Al encontrarte en el centro de la diapositiva, te puedes imaginar haciendo todo lo que anhelas. No es una técnica, aquí no hay reglas estrictas. Hazlo como sepas. Hay un solo principio: *tú te encuentras delante del espejo del mundo y formulas en pensamientos la imagen que te gustaría obtener en la realidad.*

La diapositiva del objetivo determina el vector de la corriente de las variantes. Si la mantienes sistemáticamente funcionando en tu cabeza, el flujo de acontecimientos y circunstancias puede ser dirigido hacia el objetivo. Al principio, no tienes que tener un plan concreto necesariamente y saber que va a ser realizado. No hay que pensar en los medios. A su debido tiempo se abrirán las puertas necesarias, caminos concretos y posibilidades, y tú los verás. *No debes establecer condiciones rigurosas para conseguir el objetivo. Tu tarea es concentrarte en el resultado final.*

Además de la diapositiva del objetivo existe también la visualización del proceso descrita igualmente en el primer libro. Cuando te encuentras en dirección al objetivo, es decir, cuando ya sabes que va a ser alcanzado y cumples todo lo que para ello es necesario en el mundo material, entonces puedes acelerar el proceso, visualizándolo. El principio es el siguiente: *estoy haciendo un gran progreso. Hoy lo hago todo mejor que ayer y mañana será mejor que hoy.* Se puede decir que es como remar por la corriente de las variantes. Pero, no obstante, lo importante es la dirección de la corriente de las variantes. Si mantienes en tu mente la diapositiva del objetivo, todas las circunstancias trabajan para conseguir el objetivo incluso aunque realmente no lo parezca.

Uno puede hacer girar la diapositiva cuantas veces quiera. Pero debe hacerse al menos media hora cada día, si realmente tiene la intención de lograr su objetivo, aunque para mejorar el efecto de la visualización existen técnicas concretas.

Las *corrientes de energía* constituyen la primera técnica. El sector del espacio de las variantes se materializa por medio de la energía que trascurre a través del cuerpo humano, es modulada por los pensamientos de la persona y se trasforma en energía de la intención. Cuanto mayor sea el poder de emisión mayor será el efecto. Se puede aumentar la potencia si se concentra la atención en las corrientes de energía. Para hacerlo, imagínate que del centro de tu cuerpo, de algún punto a la altura del estómago o del plexo solar, salen flechas de una longitud de medio metro en direcciones opuestas. Gíralas mentalmente al mismo tiempo para que la flecha delantera señale hacia arriba y la trasera señale hacia abajo. Tal «viraje» activa las corrientes ascendente y descendente. Sin esforzarte demasiado, imagínate cómo fluyen las corrientes a lo largo de la columna vertebral en dos direcciones opuestas y una se dirige hacia el cielo y la otra hacia la tierra. Tras haber fijado parte de la atención en las corrientes, proyecta la diapositiva y hazla girar como más te guste. Es mejor hacerlo durante un paseo en un sitio no muy concurrido.

La segunda técnica es la técnica del *frame*. Piensa qué te gustaría hacer cuando hayas alcanzado el objetivo. ¿Qué constituye una parte inherente de la diapositiva del objetivo? ¿Cuál es el atributo indispensable? Por ejemplo, te encuentras sentado en una mecedora al lado de una chimenea, o al timón de tu yate, o plantas rosas en tu jardín o bien estrechas la mano de un socio tras la firma de un jugoso contrato, cualquier aspecto característico de la diapositiva. Interpreta mentalmente esta imagen varias veces. Deberías crear una impresión integral: un molde instantáneo de la diapositiva, conteniendo el *flash* de la imagen y la sensación correspondiente. Esto es lo que constituye un *frame*. Puedes darle un nombre para que te resulte más cómodo. A partir de aquí, lo que tienes que hacer es activarlo en tu memoria durante un breve lapso de tiempo, igual que enciendes una bombilla. Hazlo como lo consideres más oportuno y nuevamente sin esforzarte demasiado. El frame es todavía un fino hilo que lo conecta con el sector del objetivo del espacio de las variantes.

Se puede aumentar la eficacia del frame con la ayuda de la denominada *onda explosiva*. Formula mentalmente el frame o simplemente una imagen que te gustaría ver plasmada en la realidad. Tras esto, imagina una esfera que se aleja de ti en todas las direcciones como si la membrana de la energía estuviera explotando. La onda explosiva se extiende increíblemente. Esto se puede hacer varias veces hasta que te parezca suficiente. ¿Qué ocurre durante este proceso? Crearás una imagen mental y la enviarás a tu mundo circundante. Puedes estar seguro de que tu pensamiento no desaparecerá sin dejar huella. Lo único que hay que tener en cuenta es que el espejo actúa con demora.

Otra técnica utilizada es *la esfera externa*. Tal vez nunca hayas logrado sentir la membrana energética y no puedas percibir cómo ésta se extiende cuando se somete a tu imaginación. Esto sucede porque actúas con la intención interna. Y ahora imagínate a tu alrededor una esfera que no te pertenece. Imagínate que esta esfera tira de ti. Sientes que algo externo a ti está intentando estirar tu cuerpo. En un radio de cinco o siete metros te encuentras una pantalla invisible. Intenta estirarla y tensarla, mostrará una elástica resistencia.

Ahora has percibido más claramente la esfera. Ésta es la línea que te conecta con el mundo exterior. El lado interno de la esfera te pertenece, pero el externo no. Y al mismo tiempo, la esfera te pertenece en tanto sientes que tira de ti. La intención ha sido redirigida: el principio activo ahora ya está no dentro de ti, sino fuera.

A modo de analogía: si intentas manipular un objeto con la intención interior, por ejemplo, mover un lápiz con tu fuerza de voluntad, no lograrás nada. Trata de imaginar cómo el lápiz te atrae por medio de los hilos invisibles. Usando este enlace podrás moverlo. Igualmente, si tratas de elevarte en el aire no lo conseguirás. Imagina lo contrario, que es el mundo circundante el que te eleva. Tal vez conseguirás ver algún progreso si logras convertir la intención interior en exterior. La idea de cruzar la línea donde tu deseo «obliga al mundo a someterse» se convierte en «permítele a él mismo hacerlo».

Todo esto es complejo. Pero no lo necesitarás para tus objetivos. Es suficiente con percibir aunque sólo sea la presencia de la membrana externa. Capta esta sensación, fija en ella parte de tu atención y empieza a proyectar la diapositiva. La esfera actuará como un tipo de antena para la trasmisión de la energía metal, lo que significativamente incrementa la acción de la diapositiva.

Otra técnica es *la reducción del decorado*. Trata de reducir al denominador común de tu objetivo todos los pensamientos que te surjan. Habitualmente los pensamientos, incluso los voluntarios, se alinean lógicamente, unidos unos a otros. Concluye una cadena lógica con algún fragmento de la diapositiva del objetivo. De vez en cuando, simplemente recuérdate a ti mismo a lo que realmente aspiras. No importa en lo que estés pensando o lo que estés haciendo, vuelve tu atención hacia el objetivo. Deja que la diapositiva se convierta en la imagen de fondo, cada acontecimiento, cada bloque de información debe ser percibida por ti en su contexto. De esta forma, podrás formular de manera más efectiva tu estrato del mundo y tu intención se materializa en la realidad.

Igualmente, la atmósfera circundante puede ajustarse en concordancia con lo se espera de ti en el objetivo. Supongamos que paseas por un parque y proyectas la diapositiva del objetivo en tu mente en la cual te reflejas trabajando en el jardín de tu casa. Mira a la hierba y a los árboles a través del prisma de esta diapositiva. Percibirás como la imagen se trasforma, el decorado adquiere nuevos matices.

Puedes tener la sensación de que te encuentras ya virtualmente en tu jardín. Este efecto aparece como resultado de aplicar la diapositiva a la atmósfera circundante. Una parte de tu atención se fija en el sector del espacio de las variantes, donde se encuentra tu futuro jardín al mismo tiempo que tus ojos ven la realidad material. Lo que sucede es una especie de trasformación de la realidad en curso al sector de tu objetivo. En tales momentos, el proceso de materialización de la imagen de tus pensamientos acontece más intensamente.

Recuerda también cuando eras niño lo fácil y agradable que era la vida, el mundo cuidaba de ti. Entonces no eras consciente de ello. Simplemente te sentías bien. Pero con el tiempo empezaste a dar la nota y a manifestar descontento porque el mundo te trataba fríamente. ¿Con qué se asociaba esa sensación de tranquilidad y bienestar de la infancia? Esta asociación puede constituir la clave para la reducción del decorado en el que tú te encuentras cómodo y seguro. Recuerda una vez más esa atmósfera acogedora y cálida y tu mundo paulatinamente se convertirá en hospitalario y placentero.

Y finalmente, la última técnica especialmente para los perezosos: *la amalgama del objetivo*. La principal condición de una visualización exitosa es que uno no debe obligarse a hacerlo. En caso de que proyectes en tu mente la diapositiva del objetivo sin conseguir disfrutar de ello y tengas que actuar con presión, surgirá entonces el potencial excesivo. Como resultado las fuerzas equiponderantes reducirán a cero todos tus esfuerzos. En este caso es mejor que abandones esta asfixiante obligación y pongas este trabajo en los hombros del mundo. Dile que te lleve «en brazos», que sea él el que se ocupe de que tu elección se lleve a cabo.

Adopta la siguiente postura: *todo se arreglará por sí mismo sin mi conocimiento*. Al declarar esta intención, creas el programa para tu mundo, de acuerdo al cual los acontecimientos se desarrollan espontáneamente de tal forma que tú eres atraído hacia el objetivo. Sucede que tú aflojas tu amarre y permites a la intención exterior realizar tu objetivo. Ahora puedes relajarte y, sin embargo, permitirte el placer de simplemente disfrutar de la diapositiva del objetivo. Ya no estás obligado a trabajar, esto ya lo hace tu mundo. Sentado en «sus brazos», no olvides de vez en cuando recordarle lo que esperas recibir de él. Y, por supuesto, no pienses en las musarañas y haz todo lo que se te requiere en el plano físico para lograr el objetivo.

Independientemente de la técnica que sigas, recuerda siempre que no estás formulando un deseo sino expresando una firme intención y considerando el objetivo como un final inevitable. Si no puedes decir «yo tengo», dite al menos «yo me planteo tener». En realidad, para intentar recibir tu orden, es necesario hacer algo concreto, que confirme la seriedad de la intención. Por ejemplo, si deseas levantarte a una hora determinada por la mañana, puede que tal vez te quedes dormido. Pero si pones el despertador, entonces, lo más probable es que te despiertes unos minutos antes de que suene.

La idea es *fijar la intención*. Esto lo haces cada vez que «tocas madera» o cruzas los dedos. Cualquier superstición que conlleve la realización de algún ritual basado en este principio. Por ejemplo, para retener el huidizo pájaro de la felicidad, la gente en la antigüedad solía hacer uso de un trébol. Cuando una persona tenía suerte tenía que coger un objeto con la imagen del trébol, e igualmente en momentos de peligro. El trébol también se consideraba un medio para protegerse de los espíritus malignos.

Aquí no se trata de que un objeto posea una características exclusivas y que por ello pueda servir de talismán. El poder mágico de cualquier objeto estriba en la manera en que uno se relaciona con él. Si la persona tiene interiorizado que el talismán o el ritual pueden producir un efecto mágico, *está* por lo tanto *fijando la intención*. Tú también puedes inventarte cualquier «clavo» en el que colgar cómodamente tu intención. Pero esto, como se suele decir, no vale para todo el mundo. No es necesario inventar rituales mágicos, pero sí que hay que emprender acciones concretas, que testimonien que estás seriamente mentalizado. Por ejemplo, si quieres tener tu propia casa, actúa como si estuvieras ya a punto de trasladarte a ella: mira anuncios y catálogos, elige en las tiendas muebles y electrodomésticos, muestra interés por todo lo concerniente a la mudanza, ahora, en este instante. La fijación de la intención es un medio muy efectivo.

El hecho de que haya una gran variedad de modos de resaltar la diapositiva no significa que unos sean más efectivos y otros menos. Puedes utilizar varias técnicas o elegir sólo una. El criterio de selección: *la técnica preferida personalmente por ti es la que te guste más y con la que te parezca que puedes conseguir lo mejor.*

Al aplicar estas técnicas, uno no puede ser radical, ni demostrando un celo excesivo ni indiferencia. Algunos procedimientos recomiendan realizar la visualización con gran vigor y pasión, otros proponen formular tu pensamiento y dejarlo volar libremente, incluso sin volver a recordarlo para no impedir la realización del encargo. Como puedes comprender, lo mejor es un término medio. Y para no complicarse la vida pensando dónde se encuentra este término medio toma como norma el siguiente principio: *de la forma en que a mí me funcione, así debería hacerlo.*

Todos somos capaces de elaborar nuestra propia técnica y aplicarla en la vida exitosamente. Lo importante es que el alma y la mente concuerden en que realmente estás haciendo lo correcto. Tú configuras tu realidad como un reflejo en el espejo. Y eres tú el que decide cómo situarse ante este espejo. Crea tu estrato del mundo como mejor *te convenga*. ¿Y qué entiendo yo por esto?

No debes sentir desasosiego cuando estés visualizando. La intención exterior aparece sólo con la unidad del alma y la mente. Esta unidad no puede conseguirse si tú te obligas a hacer un trabajo necesario. Así no lograrás nada y únicamente perderás tiempo en vano.

Debes visualizar la diapositiva del objetivo de la manera que te resulte más conveniente y adecuada con una sola salvedad: no hay que mirar la diapositiva desde fuera como si estuviéramos viendo un cuadro, sino vivir en ella aunque sea virtualmente. Imagínate dentro de la diapositiva y no fuera de ella. Todo lo demás puedes hacerlo como prefieras.

Una cosa que no deberías hacer es poner demasiado empeño. Simplemente de vez en cuando date el placer de pensar en tu objetivo como si ya estuviera alcanzado. Al fin y al cabo a todo el mundo le gusta pensar en las posibles consecuencias del éxito. Así que date ese gusto y no lo conviertas en una obligación. Al pensar en cosas agradables te estás trasladando inevitablemente hacia el objetivo, y al saber que te estás moviendo hacia él, obtén satisfacción de ello. Puedes estar seguro de que si logras crear este «círculo vicioso de felicidad», conseguirás indudablemente tu objetivo.

La regularidad es un requerimiento básico del éxito. Te puede parecer increíble que de manera tan simple, con tus pensamientos, puedas configurar tu realidad. ¿Has probado alguna vez a dirigir sistemáticamente durante un mes tus pensamientos al objetivo? Lo más probable es que no. Te has acostumbrado a dejar tus pensamientos al azar. Se vuelven difusos como una masa amorfa en el espacio por eso no se ven resultados tangibles. Sólo las peores expectativas, es decir, cosas que te preocupan y que ocupan todos tus pensamientos, son las que realmente se cumplen.

Imagínate la siguiente absurda situación: has plantado un manzano y esperas verdaderamente que las manzanas aparezcan al momento. Pero como no pasa nada de eso, pierdes la paciencia y te vas agitando una mano hacia el árbol, al tiempo que éste quiere exclamar: «Pero espera, condenado». Lo mismo ocurre cuando se plantea un objetivo. La realidad no se puede configurar con un deseo esporádico.

Ahora dispones ya de las principales técnicas con las que puedes influir directamente en la realidad. Si vas a llevarlas a la práctica te encontrarás con un curioso fenómeno. Supongamos que hoy te has dedicado a la visualización intensa e inspiradamente. Notarás entonces que al día siguiente algo extraño ocurre con la realidad. Por ejemplo, a lo largo del día te puedes encontrar con varias personas de extraña apariencia –demasiado altos, vestidos de una manera rara, feos–. También puede atraer tu atención una inexplicable irritabilidad de la gente cuando surgen conflictos sin motivo aparente. O acontece algo extraño como si fuera en un sueño.

Estos fenómenos tienen la siguiente explicación. El estrato de tu mundo en un estado normal se mueve por el espacio de la corriente de las variantes, es decir, por la corriente que demanda menos gasto de energía, mientras que la visualización intensa va por la corriente directa y te lleva al objetivo por el camino más corto. Esta energía de haz estrecho de los pensamientos trasmite tu realidad separada a las áreas intermedias del espacio de las variantes y donde no todo es óptimo y racional. Estas *zonas de tránsito* habitualmente se ven en los sueños pero muy raramente en la realidad, ya que poseen escenarios artificiales y decorados y exigen un gran gasto de energía.

La energía de tus pensamientos influye con fuerza en la realidad y ésta se deforma como la superficie del agua bajo la influencia de una perturbación. Las ondulaciones en el agua ya hace tiempo que las percibes como un fenómeno normal. Pero ahora estás a punto de ver algo impresionante: *ondulaciones en la realidad.* Todo esto no significa que la anomalía observada sea casual, que la irritabilidad de la gente en tales días esté relacionada con tormentas magnéticas o que las personas con extraña apariencia simplemente se encuentren en las calles. La inusual realidad estalla en el estrato de tu mundo cuando éste pasa a través de las zonas de tránsito. Las ondulaciones aparecen precisamente después de practicar intensivamente la visualización. Cuando veas esto por ti mismo lo comprenderás. Impresiona enormemente.

De esta forma, tú puedes manipular la realidad empleando la fuerza en un grado variable, independientemente de la técnica empleada. En principio, para convertir el estrato de tu mundo en un rincón acogedor, la amalgama en sí es suficiente. Pero si se pone en funcionamiento la intención del Creador en combinación con las técnicas mencionadas más arriba, tú podrás lograr mucho más.

Si comparamos, imagínate una escena en la que se encuentran dos niños: a uno el mundo lo lleva en un cochecito y otro va él solo de la mano del mundo. El primero, como es habitual en los niños, declara orgulloso:

—Mi mundo se ocupa de mí.

Por su parte, el otro responde:

—Pues mi mundo y yo vamos a buscar un juguete.

¿Percibes la diferencia?

Y una última cosa que me gustaría mencionar. En una ocasión recibí la carta de una lectora en la que inconscientemente formulaba la principal idea de la práctica: «*Yo no controlo mucho la técnica del Transurfing, pero tras haber cambiado mi actitud hacia la vida, tengo la fuerte sensación de que todo me va maravillosamente y así continuará en el futuro. Todo va ir como tiene que ir*».

Puedes olvidarte de todo tipo de técnicas, pero si logras mantener esta *sensación integral* en tu interior será más que suficiente. La integración de la intención en la fórmula «todo me va bien y todo va como tiene que ir» crea una imagen general de éxito que se refleja también en la realidad.

Así que tus posibilidades están limitadas sólo por tu intención. ¡Crea tu propia realidad!

Coordinación del sueño

Desde que nace, la persona se encuentra en una determinada situación: yo nací en la pobreza y no podré salir de ella. Estoy obligado a conformarme con lo que tengo a mi disposición, tengo que hacer lo que me corresponde. Esta situación hipnotiza, atrapa y la persona cae en poder del sueño que se tiene al soñar despierto, excepto que realmente el sueño está teniendo lugar. Mientras sueñas con esta situación, ésta se afirma cada vez más en el espejo del mundo. De esta manera, uno no sólo está en poder de tu realidad, sino que al mismo tiempo la está manteniendo tal como es. Los pobres se empobrecen y los ricos se enriquecen.

¿Recuerdas que en el capítulo anterior se trató la ilusión del espejo dual? Es precisamente *la fijación del espejo en el reflejo* lo que convierte la vida en un sueño inconsciente, en el que tú te encuentras totalmente a merced de las circunstancias. La realidad te domina mientras tú, como hechizado, miras inquietantemente lo que acontece en el espejo. Es similar a la atención que permanece absorta en una película delante de la pantalla, aunque en la vida esto está mucho más acentuado. Tú permaneces hipnotizado por el reflejo, literalmente te arrastras por el círculo del espejo. ¿Cómo trasformar tu existencia de un sueño inconsciente en uno consciente y que puedas controlar? Hay que comprender algo muy sencillo: en este mundo estás *tú* y está el *espejo*. Mientras tu atención esté concentrada en el reflejo, *tú permanecerás dentro del espejo*. Todo lo que ocurre en el espejo ocurre independientemente de ti. Tu vida se parece a un juego de ordenador en el que uno no establece las reglas. Por supuesto que se te permite hacer algún intento de influir en lo que está pasando en el espejo. Pero tú no posees lo más importante: no tienes la posibilidad de salir del juego.

Entre tanto sólo una cosa te mantiene encerrado, tu atención. *Tú puedes salir del espejo*. Dentro de él está el sueño inconsciente y fuera el consciente. La realidad es la misma en ambos lados, al fin y al cabo es un espejo dual. Pero en el ámbito del espejo no eres tú quien controla la realidad sino ella la que te domina a ti. En ese ámbito tú te encuentras en poder de la ilusión como si pudieras alterar el reflejo tocándolo con tus manos. Pero eso es sólo posible desde este lado donde la intención interna se convierte en externa. Para salir al exterior necesitas trasferir la atención desde el reflejo a la imagen. Siendo consciente de que te encuentras delante del espejo, adquieres la capacidad de configurar la realidad a imagen de tus pensamientos.

Al haberte liberado de la ilusión, debes redirigir el curso de tus pensamientos: de «no quiero» a «qué quiero» de «no me gusta» a «qué me gusta», de la enfermedad a la salud, de los medios al fin. Si observas, a cada paso tienes que aceptar circunstancias y someterte a situaciones que te parecen inevitables. Te has acostumbrado a aceptar el sueño pasivamente, como es. En el mejor de los casos, intentas oponerte a los acontecimientos, defender tu escenario, luchar contra la corriente de las variantes. Pero lo que realmente necesitas es cambiar tu actitud, tu imagen ante el espejo. De esa manera, dejarás de ser cautivo del juego, éste empieza a desarrollarse fuera de ti y según tu voluntad. De ser una ficha te conviertes en el que tira el dado.

Pero ahora entra en acción una nueva regla: si crees tener una combinación poco afortunada, tienes que aceptarla y proclamarla exitosa. Deberías cumplir esta regla si no quieres encontrarte de nuevo dentro del espejo. No es suficiente con redirigir el curso de tus pensamientos: tienes también *que trasladar el control de tu mente desde el desarrollo del escenario hacia una corrección dinámica.* Tú eres el dueño de tu mundo mientras obres de acuerdo al sexto y séptimo principios del espejo.

Generalmente, la mente se resiste si un nuevo acontecimiento no encaja con sus ideas. Ahora todo tiene que ser de otra forma. Cada vez que la mente manifiesta desagrado por un escenario inarmónico, tú tienes que desperezarte y admitir con presteza el cambio: *todo va según el plan.*

La mente no puede de ninguna manera hacerse a la idea de que al principio del camino, cuando nada se conoce, no haya necesidad de preocuparse por los medios. Siempre se ve a sí misma pensando cómo puede realizarse el objetivo, y pasar por todo tipo de alternativas negativas. En momentos así uno quiere decirse a sí mismo: «Imbécil, métete en la cabeza que esto no es de tu incumbencia. Tu tarea es fijar la atención en el objetivo final».

La gente está en camino de permitir que sus planes se lleven a cabo. Cuando uno formula un deseo, la mente siempre se adelanta para elaborar un modelo aproximado del desarrollo de los acontecimientos, así es como funciona el pensamiento humano. Cuando los acontecimientos futuros no se instalan en el escenario se obtiene la impresión de que las cosas no funcionan. Aunque en realidad todo va como tiene que ir. Pero en tanto en cuanto la mente está acostumbrada a pensar con clichés y no quiere introducir cambios en su escenario, la persona empieza a actuar de una forma que lo estropea todo.

Y aquí está la paradoja. Nadie puede saber realmente cómo deben desarrollarse los acontecimientos para que se lleve a cabo el cometido. Pero si, no obstante, la persona insiste en que sabe, entonces como resultado, las cosas realmente no funcionarán. Sus sueños parecen difíciles de alcanzar porque tú estás en poder de los estereotipos y simplemente no permites que los sueños se realicen. Tus puertas están cerradas con las llaves de los estereotipos.

Formula tu imagen deseada en pensamientos, tu objeto y luego simplemente mueve las piernas en esa dirección. No importa lo que ocurra, todo se hace para el cumplimiento de tu petición. Toma la intención del Creador para ti mismo: *todo va como debe porque yo así lo he decidido*. En mi mundo, tomo las decisiones que quiero. Ya no estoy dominado por las circunstancias pero tampoco estoy intentando controlarlas. Al proyectar en pensamientos la diapositiva del objetivo, yo no estoy formulando las circunstancias sino la imagen final del mundo en la cual tengo intención de vivir. Intentar influir en los acontecimientos es labor de la intención interior de la mente que intenta defender su escenario. La mente no puede saber lo que le espera de camino al objetivo. Las circunstancias se configuran por la intención externa y la corriente de las variantes. Mi tarea es establecer un vector de la corriente, y cuál sea el cauce por el que se mueve, eso a mí no me concierne.

Imagínate: un día te despiertas en el sueño del espejo. Algo sucede a tu alrededor. Los acontecimientos y decorados son los habituales, pero tú los ves de manera diferente, como si hubieran salido de la corriente de acontecimientos y te ves en el medio de un enorme espejo esférico. Este gigante caleidoscopio gira lentamente a tu alrededor brillando con las facetas de la realidad. Tú eres parte de esta realidad y al mismo tiempo existes aparte, independiente. De la misma forma, tú es consciente de esta «separación» cuando te despiertas en el sueño y comprendes que ahora el sueño depende de ti, y no tú de él. Lo mismo ocurre con el espejo del sueño que tienes mientras estás despierto, con la única diferencia que la realidad no reacciona tan rápido. Pero en el momento en que te hayas familiarizado con su lentitud, se revela algo sorprendente, la realidad cambia de manera flexible, siguiendo la imagen de tus pensamientos. ¿Pero qué significa todo esto? ¿En qué lugar te encuentras?

Tú está fuera de este mundo, *has salido del espejo*.

El veredicto del creador

Ahora, querido lector, ya sabes todo lo que necesitas para control la realidad. No podrás cambiar el mundo en su totalidad. Pero está a tu disposición una realidad separada. Una vez que te has liberado de la ilusión del reflejo dual y te encuentras fuera del espejo del mundo, se abre ante ti la *Eternidad* que atesora en sí posibilidades ilimitadas. En estas palabras no hay la más mínima exageración. Hay tres dones verdaderamente inestimables en el espacio de las variantes: tu futuro que tú puedes materializar, el Conocimiento secreto que puede convertirte en un genio y algo más que simplemente te dejará sin respiración.

Sobre esto último hablaremos más adelante, empecemos primero por el Conocimiento. Puedes pensar que ciertas mentes destacadas tienen respuestas a tus preguntas, por eso buscas información en diferentes fuentes, es decir, aprendes de alguien. Y esto puede continuar eternamente. Todo lo que harás el resto de tu vida será dirigirte a esos ilustrados quienes supuestamente saben lo que hay que hacer. ¿Pero por qué esta gente debería saber todo esto? Tal vez hayan leído muchos libros y por eso son tan inteligentes, o puede ser que tengan algún talento especial que tú no tienes. Ni una cosa ni la otra.

Imagínate que has llegado a la Tierra desde un lejano planeta. Aquí todo es diferente, desconocido, extraño. Los miembros de tu grupo fueron separados y enviados a diferentes lugares. Como resultado de esto cada miembro hizo algún descubrimiento. Resulta que en el bosque se pueden recoger setas comestibles y bayas, en el mar nos podemos bañar y pescar, en las montañas podemos esquiar. Y en la Tierra también habitan diferentes criaturas, unas son inofensivas pero otras podrían devorarte tanto a ti como a tu grupo.

Exactamente de la misma forma, la civilización descubre constantemente nuevas cosas. El flujo de estos conocimientos es infinito. Pero los creadores son una minoría, los demás sólo observan con asombro: ¿cómo esta persona pudo lograr semejante cosa? Es probablemente un elegido. ¿Qué hace que una persona sea el elegido?

Sus objetivos y puertas son el único camino que le pertenecen. Tan pronto como sigas tu camino se te van a mostrar los tesoros del mundo. Y entonces los demás te mirarán y se sorprenderán de cómo lo consigues. Así de sencillo.

La paradoja de esto es que este simple principio, aunque se encuentra en la superficie, sin embargo, es difícil de reconocer. Todo el mundo entiende que para lograr nuevas e inexpugnables cimas del éxito es necesario salir del trazado general y seguir el propio camino, pero aun así siguen persistentemente los pasos ajenos intentando repetir la experiencia de otros.

En una ocasión cuando era pequeño mis padres me llevaron por primera vez al bosque. Mis padres recogían setas y con regocijo lo anunciaban en todo el bosque. Yo no podía encontrar ninguna y corría desesperadamente entre ellos, suponiendo ingenuamente que lo que tenía que hacer para que la suerte me sonriera era seguir a los adultos, puesto que si ellos las encontraban significaba que sabían por dónde tenían que ir, pero todo era en vano. Y sólo cuando me decidí a ir por mí mismo hacia otro lado, encontré finalmente una enorme seta que provocó la envidia de mis padres y yo me sentí muy orgulloso de mí mismo, de ser un descubridor.

En aquel momento comprendí algo, pero no lo percibí del todo. Posteriormente, el mundo me demostró varias veces que si uno se sale del camino trillado que sigue la mayoría, y sigue su camino, entonces se podrá encontrar un tesoro. Pero luego seguí una y otra vez la corriente general sometiéndome al instinto de rebaño.

Aquí la diferencia entre *conocimiento consciente* y *resultar familiar el conocimiento* se hace evidente. Uno puede presentir algo pero esto no ayuda. Entre el presentimiento y un conocimiento bien formulado se extiende un verdadero abismo. El primero a diferencia del segundo no sirve como proyecto para llevar a la acción puesto que no tiene valor práctico. El Transurfing, en este sentido, pone los puntos sobre las íes trasformando los presentimientos en claras formulaciones señalando el qué y cómo se debe hacer.

Y precisamente, en un determinado momento se puede dejar de estudiar lo viejo y empezar a crear algo nuevo por uno mismo. Mejor dicho, incluso no crear, sino aceptar del sitio de donde vienen todos los descubrimientos y obras maestras, de la Eternidad. Para tener acceso a la información almacenada en el espacio de las variantes, tienes que sentar las bases del conocimiento básico de tu campo de interés. Sin esta base originaria, tú no podrás sintonizar con el sector correspondiente del espacio de las variantes, o en otras palabras, *co-*

nectarte al banco de datos. Tan pronto hayas asimilado los preliminares podrás olvidar lo que te han enseñado. Desde ese momento, tú mismo podrás hacer descubrimientos y crear nuevas obras maestras. Un libro, un cuadro, una melodía, todo esto «se extrae» del espacio de las variantes. Sólo hay que «asirse» al sector. Dos o tres acordes característicos pueden servir de asidero para una melodía. El estado de ánimo puede servir para pintar un cuadro. Y para un libro una situación concreta. Para escribir un libro no es necesario inventarse un argumento, lo descubrirás más tarde. El argumento surge de la situación si aplacamos la pretenciosa mente y dejamos que los personajes salgan por sí mismos de la situación creada. No hay necesidad de componer cosas, ya está todo. Sólo hay que seguir tranquilamente la corriente de las variantes. Porque todo lo genial es sorprendentemente muy sencillo. Y la corriente de las variantes sigue un camino realmente simple, un camino que a la persona le parece imposible.

De esta manera, se pueden escribir también programas de ordenador o desarrollar equipos técnicos, sin una estructura, partiendo de un punto concreto de partida. Por supuesto que en algunos casos no se puede hacer sin un proyecto, pero en situaciones donde uno puede arreglárselas sin él, al menos en un área separada, se debería seguir la corriente de las variantes, permitir a la concepción desarrollarse autónomamente. La mente, intentando proyectar todo de antemano, aglomera una construcción compleja. La corriente de las variantes, en contraste, siempre genera la solución más elegante y óptima, de la que luego sólo queda maravillarse: ¿cómo es que se ha conformado tan bien sin un esquema cuidadosamente elaborado?

Así que es mejor no inventar cosas y simplemente ocuparte de lo tuyo, moviéndote secuencialmente desde el principio hasta el final. El punto de partida en cualquier negocio es la idea, esto es lo principal. Todo lo demás será completado por la corriente de las variantes. Tampoco uno tiene que inventar la idea. Entonces, ¿de dónde surge la idea? Pues exactamente del mismo sitio. Todas las especulaciones geniales permanecen en la Eternidad y entran en tu mente a través del alma. La tarea de la mente no es crear una idea sino *reconocerla* cuando entra en la cabeza. Y eso ocurrirá *si tú re sales de la línea marcada y sigues tu camino obedeciendo las reglas de tu corazón.*

El alma tiene acceso directo al espacio de las variantes, mientras que la mente atrapa presentimientos y destellos y los interpreta. La mente no tiene conocimiento, el alma es la que sabe a la que hay que dirigirse. Y uno puede confiar aparentemente en esta insustancial aseveración. Sólo una cosa, y es que estamos de nuevo hablando no de una clara conciencia del principio, sino de un vago conocimiento. Todos parecerían estar de acuerdo en que el alma supuestamente es conocedora de todo, pero nadie lo toma en serio. Todo el mundo pasa de largo, pensando que es una metáfora y no se le da importancia. El sentido común de la gente asevera: «Por supuesto que hay destellos, está la voz interior, la intuición pero todo esto es inestable, intangible y poco fiable. Ahora mi lógica aplastante es algo diferente, está basada en hechos irrefutables».

Así, si tienes información básica de un campo concreto, el alma se puede acomodar en el área correspondiente en el espacio de las variantes y obtener nuevo Conocimiento que no leerás en ninguna otra parte. Hazte una pregunta, formúlala de manera clara y no la olvides por un tiempo. Al cabo de unos días la respuesta aparecerá por sí misma. Si no aparece, sigue haciendo la pregunta de vez en cuando. Tal vez la respuesta venga después de varios meses, pero finalmente aparecerá.

La pregunta es sólo si hay suficiente determinación para romper los estereotipos establecidos y salir del control de las normas generales, es decir, *romper la regla del péndulo.* Uno tiene que tener la suficiente osadía para usar su derecho al Conocimiento, dejar de buscar respuestas a las preguntas en libros escritos por otros. Simplemente cambia la dirección de tu intención: *no recibir sino crear.* ¿En qué te diferencias tú de los autores cuyos libros lees? La única diferencia es que ellos cambiaron la dirección de la intención, dejaron de buscar y se pusieron a crear. Dejaron de seguir ciegamente a las autoridades reconocidas y tuvieron el valor de seguir su propio camino. *Acepta también tu derecho a tener razón.*

Y hemos llegado a lo que yo me refería como el tercer regalo que te espera en el espacio de las variantes.

Intenta imaginar cómo se siente una persona en el papel de superestrella. Los admiradores ven sólo lo que está en la superficie, el resplandor del talento, el brillo de la fama y la riqueza. Se obtiene la impresión de que esta persona no es un simple mortal sino que está dotado de virtudes excepcionales. ¿Es esto probable para una persona normal: subir a la cima del éxito y mantenerse en ella con tal seguridad que nadie se atreverá a desafiar su singularidad?

Sin embargo, para el elegido todos los atributos de su fama son habituales por no decir rutinarios. Es poco probable que se considere uno de los habitantes del Olimpo puesto que cuando se encuentra solo es consciente de que es uno entre muchos e igual a todos. Entonces, ¿cuál es la diferencia? ¿Qué diferencia a una chica de provincias de una estrella del mundo del espectáculo, o a un tímido estudiante de una lumbrera en la ciencia o a los mediocres de los elegidos?

Sólo un paso. Se atrevieron a hacer valer su derecho mientras que los otros siguen sin decidirse y no creen que sean capaces ni merecedores. En la conciencia de las personas tímidas está la firme convicción de que en este mundo los elegidos existen en tanto en cuanto fueron elegidos por los demás, exclusivamente por sus cualidades excepcionales. En realidad, éste es un falso estereotipo. *Los elegidos se eligieron a sí mismos.* Y sólo después y precisamente por esto los demás dirigieron su atención hacia ellos.

Atrévete a hacer valer tu derecho a ser un elegido. Dite a ti mismo: desde este momento *me elijo a mí mismo.* No tienes este derecho porque seas capaz y merecedor, simplemente lo *tienes* y nada más. En el espacio de las variantes hay de todo, y allí hay algo, lo más importante, solamente para ti; *el veredicto de permitirte hacer valer tu derecho.* Éste es tu pase a la eternidad, la aprobación del privilegio para constituir tu realidad.

Durante toda tu vida te adoctrinaron y todavía continúan enseñándote sobre cómo tienes que hacer, cómo actuar, leer o a qué aspirar. Ahora tómate el legítimo derecho de establecer tus propios cánones. Serás tú el que decida lo que es correcto y lo que no, puesto que eres tú el que formula el estrato de tu mundo. Estás en tu derecho de considerar verdadero lo que otros consideran erróneo si esto no daña a nadie. *Utilizando tu privilegio de emitir tu veredicto, vives de acuerdo a tu credo.*

En nuestra vida hay tantas opiniones como personas. Unos dicen «blanco», otros «negro». ¿A quién creer? Recuerda que mundo es un espejo y está de acuerdo con quien se atreve a emitir su veredicto. ¡Pero tú no eres el espejo! Tú eres la persona que acepta los veredictos de otros o bien el Creador que emite los suyos. Por esa razón, la cuestión sobre qué verdad considerar como genuina, qué lado debería uno aceptar, el «blanco» o el «negro», se desestima. Ahora puedes determinar por ti mismo tu verdad: *yo decidí esto porque soy el Creador de mi realidad.* Y esto va a funcionar porque el espacio de las variantes y el espejo dual están a tu disposición, es todo lo que se necesita para materializar los planes en la realidad.

Como ves todo es muy sencillo. Sólo hay una condición: debes tener la osadía de hacer uso de tu derecho. Si tienes dudas o remordimientos de conciencia significa que tu veredicto pierde fuerza y de legislador te conviertes en acusado. En cualquier caso, al dudar actuarás de manera equivocada. *La cuestión no es si tú piensas y actúas correctamente, sino lo seguro que estés de que actúas correctamente.* Por eso necesitas ser muy consciente de todo esto y acostumbrarte a que el alma y la mente constituyen una unidad. La explicación la tienes, sólo queda convertir la información en conocimiento. ¿De qué manera? A través de tu propia experiencia. Actúa y convéncete.

Sin embargo, no deberías presuponer que la voluntad del Creador se ha trasformado en dictado de la mente. El veredicto es efectivo sólo en el caso de que haya unidad de alma y mente. Si no escuchas la voz de tu corazón, *no conformas la realidad sino que cometes errores*. Siempre hay gente que hace algo mal. Por ejemplo, hay gente que no tiene ni oído ni voz pero adora cantar. A veces encontramos personas sin talento ninguno aunque convencidos de que son estrellas, pero sin embargo, el éxito no les sonríe. ¿Por qué no funciona su veredicto? Porque ellos reconocen en su fuero interno que en realidad todo sale mal pero no quieren resignarse a ello e intentan por todos los medios demostrar lo contrario. Realmente, la gente sin talento no existe sino que es gente que no se dedica a lo suyo, van por el camino de otros.

El tercer regalo presenta muchísimas ventajas. El derecho a emitir tu veredicto es la libertad de circunstancias opresivas, de todo lo que empaña tu vida y crea obstáculos en el camino hacia la consecución del objetivo. Esto te ayudará a conseguir una tranquila seguridad. *Mi mundo se ocupa de mí y yo poseo tal fuerza que me permite la debilidad de aceptar este cuidado.*

Desde el momento en que te tomas el derecho a emitir un veredicto de lo que consideras bueno o malo para tu mundo, correcto o incorrecto, puedes descartar cualquier juicio que se te impone desde fuera, incluido el mismo Transurfing. Lo único es no experimentar dudas, vacilaciones y remordimientos de conciencia y tu veredicto no perjudicará a nadie.

Finalmente, sólo me queda decir lo siguiente. En el espacio de las variantes hay de todo, y todo lo que deseas con el alma y la mente es tuyo. Pero deberíamos saber que hay un Cancerbero a las puertas de la Eternidad, una ley absoluta que controla el acceso a todo lo que allí se encuentra. Este implacable guardia permite el paso sólo a quien tiene la osadía de usar su derecho de Creador. Su veredicto actúa de pase: yo puedo y soy merecedor porque yo mismo lo decidí. *Yo no quiero y yo no espero, yo tengo la intención.* Así que haz uso de tu derecho y el Cancerbero te abrirá las puertas de la Eternidad.

Resumen

- *La acumulación de toxinas en tu organismo, los potenciales excesivos y las intenciones no realizadas reducen tu energía.*
- *Para liberar los recursos energéticos, es necesario o bien deshacerse de parte de las potenciales intenciones o realizarlas.*
- *Para que la energía funcione, tienes que concentrarte en el objetivo final.*
- *La concentración no es tensión sino focalización.*
- *Acostúmbrate a pensar en lo que haces en el momento presente.*
- *Es necesario fijar sistemáticamente la atención en la diapositiva del objetivo.*
- *Deja de justificarte.*
- *Abandona cualquier intento de mantener tu significancia.*
- *Mantén la amalgama y sigue los principios del espejo.*
- *Para reducir la polaridad, es necesario reducir la tensión de los radios.*
- *Técnicas de control de la realidad: la diapositiva del objetivo, el proceso de visualización, corrientes de energía, frame, onda explosiva, esfera externa, reducción del decorado, el objetivo de la amalgama, fijación de la intención, integración.*
- *La técnica preferida por ti es la que crees que se te da con mayor facilidad.*
- *Hazlo todo como te convenga a ti.*
- *La regularidad en la práctica es la principal condición para el éxito.*
- *Debes salir del espejo.*
- *Tras haber recibido conocimientos básicos, cambia la dirección de la intención del «recibir» al «crear».*
- *No intentes inventar una idea, aprende cómo reconocerla.*
- *Tras haber salido del punto de partida, muévete por la corriente de las variantes.*
- *Tómate el derecho a tener razón. Sal del estrato y emite tu veredicto, haz uso de tu derecho de Creador. «Yo así lo he decidido porque yo soy el Creador de mi propia realidad».*

GLOSARIO

Capa del mundo

Cada ser vivo, utilizando la energía mental, materializa un sector específico en el espacio de las variantes y crea su capa del mundo personal. Todas esas capas se colocan una encima de otra, y de ahí, cada ser vivo hace su contribución personal a la formación de la realidad.

Cada ser humano, con su experiencia del mundo, crea una capa individual del mundo, una realidad aparte. Esta realidad, dependiendo de la actitud de la persona, porta uno u otro matiz. Hablando figuradamente, tu actitud establece ciertas «condiciones atmosféricas»: frescura matutina en el brillo del sol, o nublado con chaparrones; o a veces hay un huracán rugiendo, o un completo desastre natural.

La realidad individual se forma de dos modos: el modo físico y el modo metafísico. En otras palabras, tú construyes tu mundo con tus acciones y pensamientos. Las imágenes mentales juegan un papel dominante en esto, porque ellas crean una parte significativa de los problemas materiales con los que tienes que luchar la mayoría del tiempo. El Transurfing está relacionado exclusivamente con el aspecto metafísico.

Coordinación de la importancia

No atribuyas mucha importancia a *nada*. Tú no eres el que necesita esta importancia; la necesita el péndulo. Los péndulos controlan a la gente, como marionetas, con la ayuda de *las cuerdas de la importancia*. La gente tiene miedo de soltarse de las cuerdas de la importancia porque están en poder de la dependencia, que crea una ilusión de apoyo y confianza. La confianza es igual al mismo potencial excesivo que el de la falta de confianza, sólo que con un signo opuesto al lado. La conciencia y la intención te permiten ignorar el juego del péndulo y obtener lo que es tuyo sin lucha. Y cuando hay libertad sin lucha, la confianza ya no es necesaria. Si estoy libre de la importancia, no tengo nada que defender y nada que conquistar: sólo sigo adelante y tranquilamente elijo lo que quiero.

Para liberarte de los péndulos tienes que abandonar la importancia interna y externa. Como resultado de los potenciales de importancia excesivos, también surgen problemas y obstáculos en tu camino para alcanzar un fin. Los obstáculos se mantienen sobre una base de importancia. Si tú intencionadamente bajas el nivel de importancia, los obstáculos colapsarán por sí mismos.

Coordinación de la intención

La realización de las peores expectativas en la vida de la gente propensa a la negatividad confirma que los seres humanos son capaces de influir en el curso de los acontecimientos en su vida. Cada acontecimiento en una línea vital tiene dos ramas: una favorable y otra desfavorable. Cada vez que encuentras un acontecimiento tú haces una elección sobre cómo tratarlo. Si ves un acontecimiento como positivo, te mueves a la rama favorable de tu línea vital. Sin embargo, la tendencia a ser negativo nos hace quejarnos y elegir la rama desfavorable.

Tan pronto como algo empieza a molestarte, una nueva desgracia sigue. Y así es como obtienes la noción de que «las desgracias nunca vienen solas». Pero la sucesión de desgracias no sigue al problema original, sino a tu actitud hacia él. Esta regularidad la crea tu elección, aquella que haces en la ramificación. Analizando el nivel de tu tendencia a ser negativo, puedes sacar una idea de hacia dónde te ha llevado durante tu vida esa serie de ramas negativas.

El principio de coordinación de la intención sería: *Si intentas ver el cambio aparentemente negativo en el escenario como positivo, entonces eso es exactamente lo que sucederá.* Siguiendo este principio, tú serás capaz de lograr el mismo éxito en lo positivo que aquel que logra la gente negativa en sus peores expectativas.

Diapositivas

Nuestra idea de nosotros mismos y del mundo que nos rodea está a menudo muy alejada de la verdad. Nuestra visión está distorsionada por nuestras *diapositivas*. Por ejemplo, algunos de tus defectos te hacen ansioso y te sientes incompetente como resultado. Por lo tanto, tú crees que a los demás tampoco les gustan y que ellos los desaprueban. De modo que, cuando interactúas con la gente, tú insertas la diapositiva de tu complejo de inferioridad en tu «proyector» y lo ves todo con una luz distorsionada.

Una diapositiva es una imagen distorsionada de la realidad en tu cabeza. Por regla general, una diapositiva negativa da lugar a la *unidad del alma y la mente,* y por tanto se materializa en la realidad. Nuestras peores expectativas se verifican. Las diapositivas negativas se pueden trasformar en positivas y puedes hacer que trabajen para ti. Si tú intencionadamente creas una diapositiva positiva, ella será capaz de trasformar la capa de tu mundo de un modo sorprendente. La diapositiva de la meta es un cuadro imaginable donde puedes verte a ti mismo habiendo ya logrado tu meta. La visualización sistemática de la diapositiva lleva a la manifestación del sector correspondiente en el espacio de las variantes.

El espacio de las variantes

El espacio de las variantes es *una estructura de información.* Este infinito *campo de información* contiene toda posible *variante* de todos los acontecimientos que puedan tener lugar alguna vez. Podrías decir que el espacio de las variantes contiene todo lo que fue, es y será. El espacio de las variantes actúa como una plantilla, un sistema de coordenadas de la materia en movimiento en el espacio y en el tiempo. El pasado, así como el futuro, está almacenado ahí en un estado fijo, como en un rollo de película, mientras el efecto del tiempo sólo se manifiesta como resultado de un fotograma moviéndose individualmente, de donde brota el presente.

El mundo existe simultáneamente en dos formas: la realidad física que tú puedes tocar con las manos, y el espacio metafísico de variantes que yace más allá de los límites de la percepción, pero que es igual de objetivo. Sin embargo, es teóricamente posible acceder a este campo de información. De ahí es de donde sacamos el conocimiento intuitivo y la clarividencia. La mente es incapaz de crear nada fundamentalmente nuevo. Es sólo capaz de ensamblar una nueva versión de una casa con viejos ladrillos. El cerebro no contiene información efectiva sino algo parecido a direcciones para la información almacenada en el espacio de las variantes. Todos los descubrimientos científicos y las obras maestras de arte los obtiene la mente humana del espacio de las variantes por medio del alma.

Los sueños no son ilusiones en el sentido usual de la palabra. La mente no está imaginando sus sueños, realmente los ve. Las cosas que nosotros vemos en la realidad son variantes realizadas. En los sueños somos capaces de ver las cosas que no fueron realizadas, esto es, vemos obras con escenarios y decorados virtuales. Los sueños nos muestran lo que podría haber sucedido en el pasado o en el futuro. Los sueños son el viaje del alma en el espacio de las variantes.

Elección

El Transurfing ofrece un enfoque totalmente diferente para el logro de tus fines. Tú haces una *elección,* del mismo modo que harías un encargo en un restaurante, sin tener un segundo pensamiento sobre los medios utilizados para cumplir tu petición. Tus *deseos* no se van a verificar. Sino que tu *elección* es una ley inmutable, e inevitablemente será realizada. Sería imposible de explicar en unas cuantas palabras lo que significa hacer una elección. Todo el Transurfing trata de qué es la elección y de cómo hacerla.

Freiling

El Freiling es un eficaz método de construir las relaciones humanas, el cual es una parte integral del Transurfing. El principal principio del Freiling puede ser expresado del siguiente modo: *Deja la intención de obtener, sustitúyela por la intención de dar, y obtendrás lo que diste.*

El efecto de este principio está basado en tu intención externa usando la intención interna de tu compañero, sin infringir sus intereses. Al final obtienes de la persona lo que no podrías obtener a través de los métodos habituales de la intención interna. Usando este principio, alcanzarás impresionantes resultados en tus relaciones personales o de negocios.

Fuerzas equiponderantes

En cualquier parte donde haya un potencial excesivo, aparecen las fuerzas equiponderantes encaminadas a eliminar ese potencial excesivo. El potencial lo crea la energía mental humana cuando una persona da una importancia excesiva a un objeto.

Por ejemplo, comparemos dos situaciones: tú estás de pie en el suelo de tu casa, y luego al borde de un abismo. En el primer caso no estás preocupado lo más mínimo. En el segundo, la situación es de la mayor importancia para ti: haz un movimiento descuidado y el desenlace será fatal. A nivel energético, el hecho de que estés de pie tiene la misma importancia en el primer y en el segundo caso. Pero cuando estás sobre un abismo, construyes tensión con tu miedo, y por ello creas una irregularidad en el campo energético. Como resultado, surgen las fuerzas equiponderantes, encaminadas a eliminar esta irregularidad. Puedes incluso obtener una sensación física de su actividad: por un lado, una inexplicable fuerza está tirando de ti hacia abajo, y desde el lado opuesto tira de ti hacia atrás, fuera del borde. Después de todo, para eliminar un potencial excesivo de tu miedo, las fuerzas equiponderantes tendrán que tirar de ti fuera del borde, o arrojarte al abismo y conseguir acabar con ello. Esta misma actividad es la que experimentas cuando estás en el borde de un abismo.

Las acciones de las fuerzas equiponderantes encaminadas a eliminar potenciales excesivos crean la mayor parte de tus problemas. Lo insidioso de las fuerzas equiponderantes radica en el hecho de que la gente a menudo obtiene el resultado completamente opuesto a su intención. Y al mismo tiempo, es totalmente impreciso lo que está efectivamente ocurriendo. De esto sacas la sensación de que hay algo inexplicable, una fuerza maligna actuando, una especie de «ley de maldición».

Importancia

La importancia ocurre cuando a algo se le da una significación excesivamente grande. Es un potencial excesivo en su forma pura, durante la eliminación del cual las fuerzas equiponderantes crean problemas para el individuo responsable de crear el potencial. Hay dos tipos de importancia: interna y externa. La importancia interna o personal se manifiesta como una sobrestimación de las virtudes o los defectos de uno. La fórmula de la importancia sería: «Yo soy una persona importante», o «Yo estoy haciendo un trabajo importante». Cuando la flecha de la importancia se sale de la escala, las fuerzas equiponderantes empiezan a trabajar, y «el pez gordo» recibe un papirotazo en la nariz. Aquellos que «hacen trabajo importante» también se llevarán una decepción: o bien su trabajo no le será de ninguna utilidad para nadie, o estará muy mal hecho. Hay también un lado opuesto a éste: el empequeñecimiento de las virtudes de uno, la autodenigración. La magnitud del potencial excesivo en ambos casos es la misma, la diferencia es sólo de polaridad.

La importancia interna es también creada artificialmente por una persona cuando atribuye demasiada significación a un objeto o a un acontecimiento en el mundo. Ésta es la fórmula de la importancia externa: «Esto tiene mucha importancia para mí», o «Es muy importante que yo haga esto». Se crea un potencial excesivo y todo el asunto irá a la ruina. Imagina que necesitas caminar a través de un madero que está apoyado en el suelo. ¡Pan comido! Y ahora tienes que caminar a través del mismo madero, sólo que esta vez ha sido colocado entre los tejados de dos rascacielos. Caminar a través del madero sin caerte tiene gran importancia para ti, y no vas a ser capaz de convencerte de lo contrario.

Intención

La intención puede ser toscamente descrita como la *determinación a tener y actuar*. Es tu intención la que se vuelve realizada, y no tu deseo. Desea que tu brazo se levante. El deseo se forma en tus pensamientos: eres consciente del hecho de que quieres levantar tu brazo. ¿Tu deseo levanta tu brazo? No, un deseo por sí mismo no ejecuta ninguna acción. Tu brazo conseguirá levantarse sólo cuando tus pensamientos sobre tu deseo hayan terminado de trabajar y haya quedado sólo la determinación a actuar. ¿Quizás la determinación a actuar es lo que levanta tu brazo? No, no es eso tampoco. Tomaste la decisión definitiva de que levantarías el brazo, pero esto no es aún moverlo. ¿Qué levanta tu brazo entonces? ¿Cómo determina uno qué viene después de la determinación?

Y aquí vemos la impotencia de la mente en proporcionar una explicación inteligible de qué es realmente la intención. Nuestra definición de la intención como la determinación a tener y actuar muestra sólo un preámbulo al poder que efectivamente ejecuta la acción. Sólo podemos establecer el hecho de que el deseo y la determinación no levantan un brazo, sino que lo hace la intención.

La intención se divide en *interna y externa*. La intención interna implica una influencia activa sobre el mundo, la *determinación a actuar*. La intención externa es la *determinación a tener,* cuando el mundo se somete a la voluntad de un individuo. La intención interna es enfocar tu atención en el proceso de moverte hacia un fin. La intención externa es enfocar tu atención en el fin siendo realizado por sí mismo. Con la intención interna tú *logras* tu fin, mientras con la intención externa tú *eliges* tu fin. Todo lo que tiene que ver con la magia y los fenómenos paranormales pertenece al campo de la intención externa. Todo lo que se puede lograr dentro de los límites de una visión ordinaria del mundo, se logra con el poder de la intención interna.

La adivinanza del celador

«Todo el mundo es capaz de obtener la libertad para elegir cualquier cosa que quiera. ¿Cómo consigues esa libertad?».

La gente no sabe que puede simplemente conseguir lo que quiera, en vez de tener que esforzarse mucho en conseguirlo. Esto suena completamente inverosímil, pero sin embargo así es realmente. Obtendrás la respuesta a esta adivinanza sólo cuando hayas leído *Reality Transurfing* completo hasta el final. No trates de ir directo al último capítulo, porque no vas a entender la respuesta.

La corriente de las variantes

La información yace estática en el espacio de variantes, en forma de una matriz. La estructura de información está organizada en vínculos interconectados. Las relaciones causa-efecto dan lugar a la *corriente de las variantes*.

La ansiosa mente siempre se encuentra empujada por los péndulos y así intenta atacar todos los problemas tratando de mantener la situación bajo control. En la mayoría de los casos, las decisiones volitivas de la mente son inútiles manotazos al agua. La mayoría de los problemas, especialmente los pequeños, se resuelven por sí mismos si tú no interfieres con la corriente de las variantes.

La principal razón por la que no deberías resistirte activamente a la corriente es que haciendo eso estás gastando gran cantidad de energía y, en algunos casos, en tu propio detrimento. La corriente se mueve a lo largo de la vía de menor resistencia, y por lo tanto contiene las soluciones más efectivas y racionales a los problemas. Resistirse a la corriente, por el contrario, crea montones de nuevos problemas.

El poderoso intelecto de la mente no es de ninguna utilidad si la solución ya existe en el espacio de las variantes. Si tú no interfieres y sólo dejas a la corriente de las variantes seguir su curso, la solución vendrá por sí misma, y será la solución óptima a eso. Lo óptimo es ya una parte de la estructura del campo de información. El espacio de las variantes lo contiene todo, pero las opciones que menos energía consumen son las que más probablemente se realizan. La naturaleza no gasta energía en vano.

La unidad del alma y la mente

La mente tiene una voluntad, pero es incapaz de controlar la intención externa. El alma es capaz de sentir su identidad con la intención externa, pero no tiene una voluntad. Vuela por el espacio de las variantes como una cometa incontrolable. Para someter la intención externa a tu voluntad, tú tienes que lograr *la unidad del alma y la mente*. Éste es el estado en que los sentimientos del alma y los pensamientos de la mente son todo una pieza. Por ejemplo, cuando estás lleno de gozosa inspiración, tu alma «canta», mientras tu mente «se frota las manos de satisfacción». En este estado tú eres capaz de crear. Pero también sucede que tu alma y tu mente encuentran la unidad en la ansiedad, el miedo y la negación, y como resultado, tus peores expectativas se verifican. Finalmente, si la mente racional está diciendo lo mismo una y otra vez, mientras el corazón resiste, eso significa que el alma y la mente están en desacuerdo.

Línea vital

Una vida humana, igual que cualquier otro movimiento material, es una cadena de causas y consecuencias. Una consecuencia en el espacio de las variantes está situada siempre cerca de su causa. Del mismo modo que una sigue a la otra, los sectores situados cerca en el espacio de las variantes se reúnen en una línea vital. Los escenarios y decorados de los sectores que se encuentran en la misma línea vital son más o menos uniformes en su cualidad. La vida humana se mueve uniformemente a lo largo de su línea hasta que hay un acontecimiento que introduce un cambio sustancial en el escenario y en los decorados. Entonces la suerte da un giro y cruza a una línea vital diferente. Tú estás siempre en las líneas cuyos parámetros corresponden a tu emisión mental. Cambiando tu actitud hacia el mundo, esto es, tu imagen mental, cruzas a una línea vital diferente que tiene diferentes alternativas para el desarrollo de los acontecimientos en tu línea vital actual.

Ola de la suerte

La ola de la suerte está formada como un encaje de las líneas vitales que son favorables para ti. El espacio de las variantes contiene todas las cosas, incluyendo esas vetas de oro. Si te encuentras en la línea externa de tal irregularidad y tienes suerte, puedes deslizarte, por inercia, a la otra línea de encaje, donde seguirán nuevas circunstancias afortunadas. Pero si después del primer éxito, una vez más atraviesas una mala racha, entonces has sido enganchado por un péndulo destructivo, que te ha echado de la ola de la suerte.

Péndulos

La energía mental es material y no se desvanece completamente. Cuando grupos de gente empiezan a pensar en una dirección, sus «ondas mentales» se estratifican una encima de otra, y en el océano de la energía se crean estructuras de información energética invisibles pero reales: los péndulos. Esas estructuras empiezan a desarrollarse independientemente y someten a la gente a sus leyes. Una persona que ha caído bajo la influencia de un péndulo destructivo pierde su libertad, es obligada a convertirse en una clavija en un gran mecanismo. Cuanta más gente –adherentes– alimenta el péndulo con su energía, mayor es la potencia con la que el péndulo «oscila». Cada péndulo tiene su propia frecuencia de oscilación característica. La frecuencia se denomina a menudo frecuencia de resonancia. Si el número de adherentes al péndulo baja, las oscilaciones del péndulo empiezan a apagarse. Cuando no quedan adherentes, el péndulo se detiene completamente y muere como entidad.

Para drenar a un ser humano la energía, los péndulos se enganchan a sus emociones y reacciones: indignación, insatisfacción, odio, enfado, ansiedad, preocupación, sentimientos depresivos, desconcierto, desesperación, miedo, piedad, apego, admiración, idealización, desesperación, aprobación edulcorada, reverencia, arrobamiento, decepción, orgullo, pavoneo, desprecio, aversión, resentimiento, sentido del deber, sentimientos de culpa, etc.

El principal peligro para una persona que se ha sometido a la influencia de un péndulo destructivo radica en el hecho de que cualquier péndulo aparta a su víctima de las líneas vitales donde él habría encontrado su felicidad. Tienes que deshacerte de los fines que te han sido impuestos, porque en la lucha por esos fines te alejarás cada vez más de tu ruta.

Un péndulo, por su misma naturaleza, es un egrégor, pero eso está lejos de ser toda la verdad. El concepto de «egrégor» no refleja toda la complejidad de matices de la interacción humana con las entidades de información energética.

Polarización

Tú obtienes potenciales excesivos cuando atribuyes demasiada importancia a ciertas cualidades, mientras las relaciones de dependencia se forman entre la gente cuando empiezan a compararse y contrastarse unos con otros, estableciendo condiciones como ésta: «Si tú haces esto, yo haré eso». En sí mismo un potencial excesivo no es tan terrible, mientras la apreciación distorsionada exista independientemente, por sí misma. Pero tan pronto como la apreciación artificialmente sobrestimada se compara con otra, obtienes la *polarización,* que da lugar al *viento de las fuerzas equiponderantes.* Las fuerzas equiponderantes luchan para eliminar la polarización que ha surgido, y su actividad es en la mayoría de los casos dirigida contra la persona responsable de crear esta polarización.

Potencial excesivo

El potencial excesivo es una tensión, una perturbación local en un campo energético uniforme. Tal irregularidad es creada por energía mental cuando se atribuye a un objeto una gran importancia. Por ejemplo, un deseo es un potencial excesivo porque tiende a atraer al objeto deseado a un lugar diferente a aquél en el que está actualmente localizado. El agotador deseo por tener lo que no tienes crea una «caída de presión» en la energía, que da lugar al viento de las fuerzas equiponderantes. Otros ejemplos de potenciales excesivos: descontento, condena, admiración, adoración, idealización, sobrestimación, desprecio, vanidad, sentimientos de superioridad, culpa, inferioridad.

Puertas y metas

Todo el mundo tiene su propio *camino* donde encontrarán verdadera felicidad en esta vida. Los péndulos fuerzan metas ajenas en ti, que te seducen con su prestigio e inaccesibilidad. Persiguiendo falsas metas no vas a lograr nada, o habiéndolo logrado, te darás cuenta de que no lo necesitabas en primer lugar.

Tu meta convertirá tu vida en una fiesta. Lograr Tu meta traerá el cumplimiento de todos tus demás deseos, y los resultados estarán más allá de cualquier cosa que imaginaras. Tu puerta es el camino que te llevará a Tu meta.

Si estás yendo hacia Tu meta a través de Tu puerta, entonces no hay nadie ni nada en la Tierra que pueda ponerse en tu camino, porque la llave de tu alma es un complemento perfecto para la cerradura de Tu camino. Nadie te puede quitar lo que es tuyo. El único problema es encontrar Tu meta y Tu puerta. El Transurfing te enseña cómo hacerlo.

Realización material

La estructura de información del espacio de las variantes se puede materializar en ciertas condiciones. Cualquier pensamiento, como cualquier sector del espacio, tiene unos parámetros específicos. La emisión mental «ilumina» el sector correspondiente y realiza su variante. De este modo, los pensamientos tienen un impacto directo en el curso de los acontecimientos en tu vida.

El espacio de variantes actúa como una plantilla. Determina la forma y la trayectoria del movimiento material. La realización material se mueve en el espacio y en el tiempo, pero las variantes permanecen en su lugar y existen para siempre. Cada ser vivo forma la capa de su propio mundo con su emisión mental. Nuestro mundo lo habitan una miríada de organismos vivos, y cada uno de ellos hace su propia contribución a la formación de la realidad.

Relaciones de dependencia

Las relaciones de dependencia se identifican por declaraciones de condiciones tales como: «Si tú haces esto, entonces yo haré eso», «Si tú me amas, entonces dejarás todo y me seguirás al fin del mundo», «Si no te casas conmigo, entonces tú no me amas», «Si tú me alabas, entonces soy tu amigo», «Si no vas a darme tu pala de juguete, te echaré del arenero».

Cuando el amor se trasforma en una relación de dependencia, inmediatamente obtienes *polarización* y el equilibrio se perturba. El amor incondicional es el amor sin derecho a tener y mantener; es admiración sin adoración. En otras palabras, un sentimiento como ése no crea relaciones de dependencia entre el enamorado y el objeto de su amor.

El equilibrio también se perturba cuando una cosa se compara o se contrasta con otra: «¡Nosotros somos así, y ellos son diferentes!». Por ejemplo, el orgullo nacional: ¿en comparación con qué naciones? Sentimientos de insuficiencia: ¿en comparación con quién? O estar orgulloso de uno mismo: ¿en comparación con quién?

Allí donde el contraste tenga lugar, las fuerzas equiponderantes inevitablemente funcionarán. Su acción está dirigida a «separar» a los sujetos en conflicto o a unirlos, en mutuo acuerdo o en una confrontación. Si tú eres el que crea la polarización, entonces la acción de las fuerzas equiponderantes estará primariamente dirigida a ti.

Señales

Las señales de guía son las que indican un giro próximo en la corriente de las variantes. Si hay algo aproximándose que podría influenciar significativamente el giro de los acontecimientos, habrá una señal indicándolo. Cuando la corriente de las variantes hace un giro, tú cruzas a una línea vital diferente. Cada línea es más o menos uniforme en sus rasgos. Un flujo en la corriente de las variantes puede cruzar varias líneas. Las líneas vitales difieren unas de otras por los parámetros. Los cambios pueden ser insignificantes, pero la diferencia es aún notable. Y es esta diferencia cualitativa la que tú percibes consciente o inconscientemente, como si algo no estuviera del todo bien.

Las señales de guía aparecen sólo cuando hay iniciada una trasferencia a otras líneas vitales. Tú puedes no notar fenómenos aislados. Por ejemplo, un cuervo graznó, pero no lo notaste. No sentiste una diferencia cualitativa, de modo que estás aún en la misma línea. Pero si había algo sobre los fenómenos que te puso alerta, entonces debe de ser una señal. Una señal difiere de un fenómeno ordinario en que siempre señala una trasferencia iniciada a una línea vital considerablemente diferente.

Transurfing

Yo no ideé la palabra «Transurfing»; me vino del mismo lugar de donde yo obtuve toda la demás terminología y los contenidos del libro como un todo. Hasta hace poco, yo tampoco entendía su significado. En este caso, no está aún claro cómo adaptar las asociaciones a ella. El significado de esta palabra puede ser interpretado como «deslizarse a través del espacio de las variantes», o «la trasformación de una variante potencialmente viable en realidad», o «el cruce de las líneas vitales». Pero en el sentido general, si tú estás haciendo Transurfing, entonces te estás balanceando en la ola de la fortuna. Transurfing se pronuncia de la manera que se escribe. (Si a alguien le gusta pronunciarlo al modo inglés, adelante. Sólo ten en cuenta que el sonido ë [yo] no existe en inglés.)

Trasferencia inducida

Catástrofes, desastres naturales, conflictos armados, crisis económicas, todo se desarrolla en espiral. Primero está el inicio del conflicto, luego el desenvolvimiento –las tensiones suben cada vez más, luego hay un punto culminante, con violentas emociones enardecidas y, finalmente, una resolución–, toda la energía generada por el conflicto se dispersa en el espacio y hay una calma temporal. Un tornado funciona de un modo similar.

La atención de un grupo de gente se queda atrapada en el *lazo de captura de un péndulo*. El péndulo empieza a oscilar con fuerza aumentada, llevando líneas vitales desastrosas con él. Tú respondes al primer empujón dado por el péndulo; por ejemplo, reaccionas a un acontecimiento negativo, tomas parte en el inicio de un conflicto y te encuentras en la zona efectiva de la espiral, que se desenrolla y te atrae hacia adentro, como un embudo.

El fenómeno de ser arrastrado a un embudo es identificado como una trasferencia inducida a una línea vital donde una persona se vuelve una víctima. Su respuesta al empujón de un péndulo y el posterior reabastecimiento mutuo de energía vibratoria inducen una trasferencia a una línea vital que está cerca a la frecuencia de vibración del péndulo. Como resultado, el acontecimiento negativo se convierte en parte de la capa del mundo de esta persona.

Un sector en el espacio de las variantes

Cualquier punto en el espacio de las variantes tiene su propia *variante* de un acontecimiento u otro. Para hacerlo más fácil de entender, piensa en ello así: cada variante consiste en un *escenario y decorados*. Los decorados son la apariencia externa o la forma de una manifestación, y el escenario es la ruta a lo largo de la que se mueve la materia. Por cuestión de conveniencia, podrías dividir el espacio de las variantes en sectores. Cada sector tiene su propio escenario y decorados. Cuanto mayor sea la distancia entre los sectores, mayor será la diferencia entre escenarios y decorados. La suerte de cualquier individuo está también representada por una miríada de variantes. Teóricamente, no hay límite a los posibles giros en la suerte de una persona, porque el espacio de las variantes es infinito.

ÍNDICE

LO MÁS DESTACADO DE LA SERIE
REALITY TRANSURFING 7

PREFACIO 29

CAPÍTULO I. UN MUNDO DE ESPEJOS 31
    Un espejo dual 31
    La amalgama de la realidad 38
    Persiguiendo el reflejo 45
    El mundo se dirige a mi encuentro 51
    La intención del creador 59
    La liga de los espejeros 70
    Resumen 80

CAPÍTULO II. EL CANCERBERO DE LA ETERNIDAD 81
    La energía de la intención 81
    La limpieza del mundo 93
    Corrigiendo el espejo 104
    El creador de la realidad 111
    Coordinación del sueño 121
    El veredicto del creador 124
    Resumen 132
    Glosario 133